特別支援教育 ONE テーマブック

# 知的・発達障害者の就労自立支援

就労移行支援事業所 ftl ビジネス・スクール
就労継続支援 B 型事業所 ftl ビー・ワーク

髙原　浩 著

# はじめに

　知的・発達障害を持つ人たちを雇入れる職場の数は、僕がこの仕事を始めた26年前と比べると、かなり多くなりました。にもかかわらず、彼らの就労自立への道は容易ではありません。一般的に、これを促進する要件は彼らへの理解であると言われています。しかし、一人一人を観ていくと、彼らへの理解だけでは、彼ら自身が自立を実感できるようにはならないということに気づきます。

　就労自立を望む当人を観れば、職場とのマッチング以前に、就労準備性の基礎が整っていない人が多いことに気づきます。本人も支援者も家族も、基礎的かつ習慣的な部分が脆弱であることに気づかぬまま、あるいは向き合わぬまま、さまざまな支援範囲をグルグルと回り続けているのです。

　僕が今勤めている施設は、就職を目指す人のための社会福祉事業として営まれています。そこでは、企業就労と自立を目指す約50人の人たちが、何らかの支援を受けながら、働くことを通して社会参加しています。施設を利用するメンバーは随時入れ替わります。毎月のように若者が就職し、実社会へと巣立って行きます。対象者は、特別支援学校を卒業してすぐに入ってくる人、大学や大学院を出た人、20年以上もサラリーマン生活をしていた方など、さまざまです。

　対象者への支援・訓練プログラムは、当人の生活歴からつかんだ傾向や、一緒に働いて得られる情報をつかみつつ、立てられます。訓練のベースになるのが、社会的責任のある仕事にチームとして取り組むという形であることには変わりありませんが、個々の課題と解決策は、それぞれ大きく違います。しかし、向かう方向は共通で、視線の先は社会の真只中なのです。ベクトルは現在から未来に向かっており、その様子はまさに通過施設です。

　見学者を案内していると、しばしば「革新的ですね」という感想を頂きま

3

す。ありがたいお話ですが、僕自身は、革新的なことをしていると思っていません。極めてオーソドックスに就労自立を想定した評価をし、ボトルネックを確認し、対象者に合わせた支援に置き換えて実行しているだけなのです。ただ、それが何なのかと訊かれると、答えは難しく、実践を見て感じてもらう以外に手立てはないのかなと思っていました。この本を書くお話を頂戴したのは、そんな折のことでした。

　ハウツー本は世に溢れかえっていますが、実践者としての行動の起点や目の付けどころに気づかせてくれるような本と出会う機会は、滅多にありません。書くからにはそれを目指そう……。そんな想いを四苦八苦して拙い文章で表現した結果が本書になります。

　僕は学生の頃、児童相談所（児相）で謝金をいただきながら、障害児と関わっていました。人見知りで根性なしの割に負けず嫌いの僕は、手をつなごうとすると逃げるような類の子どもたちに興味を持ちました。やり取りのピントが合わないのが何とももどかしく、一瞬でもいいからピントを合わせたかったのかもしれません。実に勝手な動機です。しかし、そんな動機で関わり始めると、結構ピントが合うモンだということに気づきました。もちろん、見守っているという程度では振り向いてもらえません。子どもに認めてもらうには、それなりに迫力とデリカシーが必要だということを知りました。子どもたちから人間関係の基本を学んだようなものです。多くの学生同様にアルバイトをしていた僕は、給料をもらうためには社会の役に立つ必要があるという、単純な真実を身体で知っていました。そして、それがないと主観的には居心地の悪い気分になるということも分かっていました。だから、児相の子たちが大人になったときも、その単純な真実を生甲斐の主軸に置いたほうがいいのではないかと思いました。

　やがて、大学を卒業した僕は、当時の名称で言う『精神薄弱者入所更生施設』に勤めます。そこで僕は、夜も眠らずに問題行動を繰り返す行動障害の人たちを担当に持つことになります。僕は、毎日汗だくになって走り、声を出し、たくさんの失敗と少しの成果から、多くのことを学びました。中でも、

4

厳しい障害を持った人たちが、働くこと（誰かの役に立つこと）によって、社会の中で生産者としての役割を持つと、キリリとした凛々しい人に生まれ変わってしまうのを目の当たりにしたことは、その後の仕事人生に大きな影響を与えました。その後、いくつかの職場を経て、企業内で働くことが、社会の中に自分の役割を取得するきっかけになるらしいということにも気づきました。その経験と感動を大切に、消えないように紡いでいった先に、現職の僕がいます。

　教育や訓練における不動の目標は、社会の中に役割を得て、謙虚な誇りを持って生活できるようにすることだと思います。どんなに目新しいカリキュラムの教育や訓練を受けようとも、社会参加に向かって一本の筋が通っていなければ、その結果は惨憺たるものになってしまいます。

　社会の中における役割のうち、最もシンプルで実感しやすいのが「就労」であるということは、異論のないところだと思います。しかしながら、就労における実益の部分は生活（食べて行くこと）に直結します。それゆえに、就労に関する教育は、他の授業を受けるのとは趣が異なり、別次元であるかのような錯覚を抱かせるようです。

　ある日、見学にみえた母親と僕との間で、発達障害の大学生が卒業したあとの生活ついて、こんなやりとりがありました。
「働くのではなく、バックパッキングでもして、いろいろな経験をさせるのもいいと思っています」
〈お子さんが、そういう経験を意味づけして、実生活に活用できるのであれば、それもいいでしょうが……〉
　その大学生と面識のない僕は、それ以上の言葉を慎みました。その母親は、バックパッキングのような非日常的な経験を日常に生かすために必要な、極めて密度の濃い支援について計算に入れていないようでした。若いうちに、できる仕事に就き、それなりに生計を立ててみる。現実の中で、己を知り世間を知って、社会の中で今の自分が果たせる役割を確認する。平凡な努力の積み重ねこそが非凡なのだと言いますが、そんな地道な選択肢は、この母親

の念頭にないようでした。

　僕は、多様な学び方を否定するものではありません。本書の『おわりに』にもあげましたが、キラキラの非日常的な経験を人生に活かせることも知っています。しかし、次のことも確信しています。

> ・社会を構成するメンバーの一人として、営々たる日常を送ることは、生きて行く上での自信をもたらすこと
> ・これは、何ものにも代えがたく、それを「いろいろな経験」の土台に据えることこそが、自己実現に向けての第一歩であること

　障害児者の教育や支援に携わる人たちが、彼らの就労自立につながるような日常生活を考える際に、本書がその「目の付けどころ」を示せれば幸いです。

※本書に登場する事例は、本人が特定できないように、趣旨が変わらない程度に加工されています。

2017年9月　ftl ビジネス・スクール　髙原　浩

特別支援教育ONEテーマブック
現場発！知的・発達障害者の就労自立支援

も　く　じ

はじめに　3

## 第1章　どこへたどり着きたいのか　11

　1　非科学的就労支援……………………………………12
　2　「自前」～触れられなくなったこと～…………19
　3　発達する障害者………………………………………21
　4　どこへたどり着きたいのか…………………………23

**イラストカードその①　健康管理編　26**

## 第2章　『普通』議論　27

　1　古典的普通……………………………………………28
　2　浅〜い『普通』………………………………………32
　3　浅い『普通』より、深い『幸せ』…………………39

**イラストカードその②　日常生活管理＆社会生活スキル編　41**

## 第3章 『支援の筋』 〜ボトルネックの発見〜 43

1 支援する側の任務 ……………………………………………… 44
　訓練内容の根拠を考える

2 学生と社会人の間にある最大の違いに注目した訓練を …… 48

3 ボトルネックの発見① （人づき合い・発信編） ……………… 53

4 ボトルネックの発見② （人づき合い・望まぬ孤立編） ……… 61

5 ボトルネックの発見③ （人づき合い・情況理解編） ………… 68

6 ボトルネックの発見④ （人づき合い・生活特徴編） ………… 73

　**イラストカードその③　基本的労働習慣編　81**

## 第4章 青年期に向けて 83

1 キャリア教育 …………………………………………………… 84

2 青年期の心構え　支える側へ ………………………………… 88

3 折り合う力 ……………………………………………………… 92

4 実生活で指導する　〜SSTの落とし穴〜 …………………… 94

5 支援の前提 ……………………………………………………… 101

6 生産性 …………………………………………………………… 103

7 自立に向けての6段階 ………………………………………… 104

　①身辺生活の自立 ……………………………………………… 104

　②集団生活への参加 …………………………………………… 107

　③社会生活の理解と参加、④生活の常識と技術の習得 …… 113

　⑤生産人としての自覚と行動（知行一致） ………………… 118

　⑥消費生活の教育 ……………………………………………… 120

　**イラストカードその④　職業適性・専門知識編　124**

## 第5章 環境と支援の留意点 127

1 環境設定……………………………………………128
　「習うより慣れよ」を実践できる支援環境
2 就労自立に向けて　指導支援の勘どころ……………133
　支援者として①　感じる→寄る→関わる……………133
　支援者として②　「ハッと感じる」べきところ………134
　ヤマアラシのジレンマ………………………………135
　目的の共有……………………………………………140
　自己コントロール力…………………………………141
　忍耐力（苦手への対処）……………………………143
　出力調整………………………………………………147
　応じて止まる（動く）こと…………………………150
　聴くこと（聴いて分かること）……………………154
　訊くこと（質問すること）…………………………155
　対人関係………………………………………………157
　集中力・持久力………………………………………160
　注意力（選択、持続、転換、配分）………………162
　記憶……………………………………………………163
　関係理解………………………………………………164
　時間と人の管理………………………………………167
　発達段階（社会性）…………………………………170
3 思考と行動の起点……………………………………174

おわりに　178

# 第1章

## どこへ
## たどり着きたいのか

# 1 ● 非科学的就労支援

　今から10年以上前の話です。僕は知的障害のある青年たちの就労を応援するために、無認可の企業内作業所を立ち上げて、知的障害の青年たちと一緒に働いていました。そんな折、市内にある法内作業所の女性所長である須田さんが、僕のところを訪れました。

　須田さんは品のいい感じの中年女性です。それでいて、対象者を見る目や作業所の経営についてはしっかりしており、障害を持つ青年たちにとっては頼りになる人でした。彼女はそこで、作業所にいられなかった7名の若者が、油まみれの作業着で僕と一緒にガシガシと働いている姿を見学しました。何を思ったか、須田さんは、彼女の作業所に在籍している25歳の青年のことについて話し始めました。

　「私の作業所ではなく、髙原さんのところで鍛えてもらったほうがいい。必ず就職できる（はず）」

　という須田さんの見立てです。僕はその青年のことを知りません。しかし、彼女があまりにもはっきりと言うので、僕はそのお話を受けざるを得ませんでした。

　後日、須田さんが僕に紹介した青年は、僕の職場を訪れることになります。須田さんは、就労支援センターの職員である藤岡さんに、その青年を託しました。彼の名を守といいます。藤岡さんは、外回りをしながら知的障害者の職場開拓を地道にやっている男性職員で、長年に渡って一般企業で営業職をやってきた人です。おそらく、須田さんの思惑として、守の職場を探せるのは藤岡さん以外にいないという判断があったのではないかと、僕は想像しています。その日、藤岡さんは、

　「このこ、大丈夫なのかぁ～？」

　と言いながら登場し、守を僕に紹介しました。

　藤岡さんが"大丈夫なのかぁ～？"と心配するのも無理はありません。な

第1章　どこへたどり着きたいのか

にしろ、守は話しかけられても、オウム返しの答えしか返しません。つまり、意思の確認のしようがないのです。ただ、太り気味の巨体を左右に振り、ニコニコしているだけといった感じです。

〈就職したい？〉

「シュウショクシタイ」

〈就職したくないの？〉

「シュウショクシタクナイノ」

〈作業所がいいか、髙原さんのところがいいか？〉

「タカハラサンガイイ」

〈髙原さんのところがいいか、作業所がいいか？〉

「サギョウショガイイ」

　藤岡さんは、僕の前でこんな問答を繰り返し、頭を抱えてしまいました。何しろ、就職したいんだかしたくないんだか、さっぱりわかりません。意思の確認もとれずに就職先を探し始めるというのは、どうなのだろうか。藤岡さんは悩みました。僕だって確認のしようがありません。面接という形では。

　守は、須田さんの作業所で、そこそこの作業能力がありつつも、側にいる人のお尻を触ってはその反応を見てヘラヘラしていることが多い男でした。こういう情報があると、〝悪い奴だなぁ〟〝やる気がないんじゃないか〟〝ふざけている〟〝重度だから、しょうがないか〟という評価が施設職員によって下されます。少なくとも、就職候補者には選ばれることはありません。選ばれなかったとしても、一見楽しそうに、相も変わらず、お尻を触って回っているだけのことです。そういう人に就労自立への道を説かなかったとしても、施設職員としての資質を問われることはありません。しかし、別の人生もあるじゃないか。僕などはそう思ってしまうのです。僕は、とにかく、守と一緒に働いてみよう、と決断しました。

　須田さんのことを信用していたから受けた、ということもありますが、この守はなかなか面白い人物です。僕は、人のお尻を触るのは厳禁と気迫を込めて伝えました。前情報があったので、最初にはっきりとそのことを言い伝

13

えたところ、天使の様だった守の眼が25歳の勤労青年らしくなりました。彼は結構器用で、とにかくよく働きます。この辺は、須田さんの見込んだ通りです。1ヶ月もすると、表情が変わりました。まず、だぶついた肉がそぎ落とされ、顔つきが精悍になりました。他人の尻を触ってヘラヘラしていることもない。藤岡さんは、そんな守を見て、

「顔つきまで変わっちまうのか……」

　と、目を見張ったものです。しかし、相変わらず、本人の意思確認は難しいままです。それが、守の職場開拓について、藤岡さんを迷わせます。なぜなら、本人は僕の近くで、気に入った仕事に一生懸命取り組んでいるからです。出勤拒否もなく、淡々とグループホームから長い時間をかけて通ってきています。藤岡さんは、守のそんな姿を見て、

「本人が気に入っているのに、どうしてここを出して、就職させる必要があるの？」

　と、まっとうなことを言います。それを聞いて、僕は、

〈もっと気に入るところがあるかもしれないのに、どうしてここにいさせるの？〉

　と、歪なことを言います。

　そんなこんなで数ヶ月の時間が過ぎ、藤岡さんも、

「とにかく、やってみよう。損するわけじゃないさ」

　という意見になりました。やがて守の職場開拓が本格的に始動しました。職場開拓といったって、そんな簡単なことではありません。第一印象が重度ですから、一見しただけでは、やる気があるんだかないんだかわかりません。普通はこの人が一般企業に就職できるとは思いません。

　しかし、そこは藤岡さん。あの手この手で企業を口説き落としたようです。

　守の職場は、ある食品関係の会社です。配属は、野菜の袋詰め作業をする部署になりました。彼は、そこでせっせと働きます。案の定、本人はその職場のことを気に入ったようで、毎日意気揚々と通勤しています。しかし、2ヶ月すると、困ったことが起こりました。ある朝、藤岡さんは僕のところに

第1章　どこへたどり着きたいのか

電話をしてきました。ただならぬ声色です。

「守が会社でウンチをいじってしまって、ウンチだらけで職場に入るから、問題になっているんだ。トイレに行くたびにやっているらしい。守が髙原さんのところで働いていたときは、そんなことやってた？」

　もちろん、そんなことはやっていませんでした。第一、やっていたら僕にどやしつけられます。僕のところは汚れ仕事でしたが、今守がいる職場は、食品関係の職場です。これは致命的だといわざるを得ません。藤岡さんも焦っていました。

　藤岡さんは、こういう問題はグループホームや親が一丸となって対処しないと、修正できないのではないか、と疑問を投げかけています。もちろん、それが一番いいに決まっています。僕も、

「それができるのなら、それが一番いい」

　と藤岡さんに言いました。しかし、こういう場合いつもそうなのですが、どうすれば彼を取り巻く人たちが一丸となれるのかという疑問に答えるような実践がないと、議論は空を回り続けるのです。今回も、そこに陥ってしまいそうな気配が濃厚でした。藤岡さんが所属する支援センターも対策を打つことができず、藤岡さんは途方にくれています。藤岡さんは彼の上司から、守が髙原のところで問題を起こさなかったのは、髙原がスペシャリストだからだ、と説明されたようです。

（やっても無駄）

　と言外に匂わせているのでしょう。その話を聞いて、僕は、

（冗談じゃない！）

　と思いました。藤岡さんも、センター側の身も蓋もない言い方に、首を捻っています。藤岡さんは、とにかく何か行動を起こそう、と思い、僕に相談してきたのでしょう。

「今日、守のところへ行って１日張り付かせてもらうんだ。そこで指導するんだけれども、髙原さんだったら、どうする？」

　アドバイスを求める藤岡さんに、僕は、こう聞き返しました。

15

〈守は、その会社を気に入っているんでしょ？　周りからも気に入られているんだよね？〉

　藤岡さんの答えははっきりしています。

「辞めるか？　って聞くと、辞めない、って言うんだ。オウム返ししないんだよなぁ。気に入っているんだなぁ。会社の人たちも守を頼りにしているんだ。なにしろ、15キロくらいあるタマネギが詰まった箱を、どんどん空けてくれるから、助かるみたい」

　僕は、初めて藤岡さんが守を僕のところに連れてきたときに、ワケが分からんとぼやいていた姿を思い出し、

（藤岡さん、ずいぶんと感度を上げたモンだ……）

　と感心しながら、即座にこんなアドバイスをしました。

〈今日は、とにかくしつこく“ウンチをいじっちゃダメだ”“食品関係でそれをやっちゃうとクビになる”って言って。1回2回じゃ変わらないんだから、100回でも、1000回でも言って。時間の許す限り、そればっかり言って聞かせて。本人が嫌と言うほど言って聞かせて下さい〉

　藤岡さんは、ちょっと心配そうに、

「そんなにしつこく言って、おかしくなっちゃったりしない？」

　と僕に尋ねましたが、僕は、

〈おかしくなることはない〉

　と断言しました。

「1日くらいで何とかなるとも思えないけれど、とにかくやってみる」

　藤岡さんは、トボトボという感じで、守の職場に向かったようです。しかし、僕には、守がその会社に勤めたがっているのだという確信がありました。会社と守とは相思相愛の関係にあります。撤退の時期ではありません。

　その数日後、僕は藤岡さんに確認の電話を入れました。藤岡さんの答えは、

「あれ以来、止まっている」

　でした。藤岡さんも自分が開拓した職場だっただけに、必死だったのでしょう。僕が頼んだように、なりふり構わずしつこく本人に言ったのだそうで

第1章　どこへたどり着きたいのか

す。しかし、僕はそのことが直接効果をもたらすとは考えていませんでした。藤岡さんが現場でしつこく言い聞かせることによって、別の何かが引っ張り出されてくる。それが守の問題行動を止めるはずだ、と考えていました。案の定、それに続く藤岡さんの言葉は次のようなものでした。

「パートさんたちが、守にしつこく言ってくれるようになったんだ。それで、守も（ウンチをいじるのを）止めたみたい」

そう。僕が待っていたのは、これだったのです。そして、守が待っていたのも、おそらくはこれです。藤岡さんが背水の陣で守の職場に乗り込んで、それこそ馬鹿みたいにしつこく言って聞かせる姿は、守を取り巻く職場全体に影響を与えたのです。一緒に働くパートさんたちは、

（あんなにしつこく言ってもいいんだ）

と、当たり前のことを守に言ってもいいのだということを確信したに違いありません。第一、守は労働力として職場に歓迎されているのですから、しつこく注意するくらいのことで守の行動が修正され、彼が職場に残れるのなら、おしゃべりで世話好きなパートさんたちは、喜んでやるはずです。そこには、守を職場（社会）に残したいという思いが詰まっています。

一方の守も、倫理的には『ウンチをいじっちゃダメ』ということを知っていますが、倫理＋αがなければ、その行動を修正できません。倫理を伝えるのは、そう難しいことではありません。絵カードや写真を使う方法もありますが、そこまでやらなくても伝わることは多いと思います。職場で一義的に求められることは、大抵自明のことばかりなのですから。しかし、＋αの部分は大変です。指導における文学的な要素ではないかと思います。僕は藤岡さんに、

〈藤岡さんがしつこく言っているのを見て、パートさんたちも"私たちだってできる"って思ったんじゃない？〉

と言いました。

「そうだよねぇ……」

と感慨深げな藤岡さん。藤岡さんの説明を聞けば聞くほど、職場で頼りに

されている、"気は優しくて力持ち"の守が、僕の頭の中にあるスクリーンで鮮やかさを増していきます。

（とにかく、よかった）

守と職場の人たちの絆が深まったことが、よかったのです。僕たちは、たまたまそこに立ち会っただけのことです。

「知的障害だから」「重度だから」「自閉症だから」というところに起点を置いて目標設定をすると、それが時と場合によっては"逆差別"を生みます。そもそも知的障害が何だか、その定義を言い表せないのに、知的障害用の対応をするということが、大きな矛盾なのです。同じように、自閉症とか発達障害という、甚だ大雑把な捉えで対象者の見立てをしようとすれば、実態とかけ離れたものになってしまうのです。ところが、多くの支援者によって、こういった対応が繰り返され、事態は混迷の一途をたどります。守の例は一般企業内でのことですが、施設という専門家集団が「知的障害だから」「重度だから」「発達障害だから」をやりはじめると、もうあとには戻れません。職員集団は、分かったような言葉に振り回され、本当の理由など観ようともしないまま、対象者を追い詰めて行くのです。

「どこに障害者がいるのか？」

僕は、上述の企業内作業所を訪れた人たちから、こんな質問を頻繁にされていました。質問者が見ている人たちは、そのほとんどが法内施設から利用を断られて来た人たちでした。同じ対象者でも、情況によっては障害者であったりなかったりするという事実を目の当たりにしてきた僕にとっては、知的障害・発達障害だから……というのは、『だから、こうする』という支援方略を決めるためのファクターとして、あまりにもアバウトで参考にしにくいものなのです。

僕は、ある先輩から『非科学的専門性』というものがあることを教わったことがあります。先ほど大変だと言った「＋α」というのは、これに含まれるのではないかと、僕は考えています。

第1章 どこへたどり着きたいのか

# 2 ●「自前」〜触れられなくなったこと〜

　世の中が経済的に豊かだからでしょうか。自立の概念は幅広くなりました。現代は就労自立という言葉が燦然と輝く時代ではないのかもしれません。そのことはさておき、ある障害者の自立度が上がることに反対する人はいないと思います。

　では、自立度を上げるということは、具体的にはどういうことを言うのでしょうか。経済的な側面について単純明快に言えば、着るものと食べるものを自分で稼いだお金で賄う度合いを高くすることが、自立度を上げるという事だと思います。

　僕が駆け出しの頃は、「衣」「食」について「自前」という状態を維持していくことが第一目標だと教えられました。あるいは古典的自立などと言われそうですが、「衣・食を自前にすること」は、主観の入りにくい最もはっきりした指標です。しかし、福祉サービスを実施する事業所のセールストークとしては野暮ったいのでしょうか。最近では、あえて「自前」を目標として強調する施設と出会うことはほとんどなくなりました。

　個々の事情により「自前」の達成度はさまざまですが、現実から遊離してしまわないために、支援者も当人も、このことを第一義にするという姿勢が大切だと思います。何をやっても身が

入らない。いつもボーっとしている。遊び半分だ。そんな評価を繰り返される人がモチベーションを保てない理由は多様です。アプローチとして、機能的な原因を究明することと同じく重要なのは、「衣」「食」を可能な限り「自前」にして行く努力が社会参加の前提であるという暗黙のルールを知ることだと考えています。この気持ちがなければ、当人が持っているすべての機能を使い切ったとしても、空虚な姿しか浮かび上がってこないでしょう。

　社会参加とは、社会の中で責任を果たしながら有形無形の恩恵を受けることだと思います。社会人としての責任は、当人に可能な範囲で「稼ぎ」「使う」ことです。真っ当に稼げば、世の中に必要とされる物を生み出す過程に携わったことになります。真っ当に使えば、先の従業員に給料を支払ったことになります。そうやって、お金を回す人になることが社会参加の一般的な形であることは事実です。

　上記のような社会参加の形をとったときに起こる良いこととしては、当人の程よい積極性と勤勉が評価され、自己有用感を得られるということです。自分が世の中と向き合うときに、「これでいいんだ」と思えるようになります。思春期には、多くの人が身の置き所のなさを感じるものですが、その危機を乗り越えることで、安定感を得られます。社会参加の方法は、社会参加しながら覚えていくものです。座学で教われることは抽象的であり、そこから現実を推し量るのは、僕らが想像する以上に難しいものです。このように考えると、就職の前指導や就職後の定着支援というものが、表層的なスキルトレーニングの範囲内にとどまっていて良いものではないことが分かります。

　現在、就職に向けての支援をする『就労移行支援事業所』という福祉施設だけでも3,000箇所あると言われています。他に国公立の職業訓練校などもあります。その施設群が、対象者の就労自立や、社会参加することの意味合いについて、深く考えながら実践してくれるといいと思います。

第1章　どこへたどり着きたいのか

# 3 ● 発達する障害者

　僕が駆け出しの頃の記憶に、未だ色褪せることなく、ますますくっきりと脳裏に浮かぶものがあります。それは、先輩が郵便はがきに万年筆で書き込んで、僕に送ってくれた一文です。僕は郵便はがきを凝視して、癖のある文字を必死になって追いました。そこには、

「（自閉症者や知的障害者は）母親のお腹の中にいるときに事故に遭って生まれて来たようなもの。生まれたあとに教育・訓練を積んで行けば、良くなっていくのが基本」

　という意味のことが書かれていました。先輩は、ヤンチャな僕に、プロとして自閉症や知的障害の人たちと関わっていくときの、基本的な考え方を伝えてくれました。当時の僕は、施設という職場の中で、具体的な成長を見込んだ働きかけを放棄することを黙認する風潮と格闘していました。その僕としては、いたく納得の行く言葉でした。以来、僕が障害を持つ人への支援・教育・訓練に携わるときには、いつもこのことを念頭に置いています。あれから30年近く経ちますが、この考え方については変わることがありません。

　先輩の言うことの根底にあるのは『発達保障』という国産の思想だったと思います。これは、糸賀一雄という人が1961年ごろ提起したと言われている考え方です。糸賀先生の言葉を借りれば、「障害をもった子どもたちは、その障害と戦い、障害を克服していく努力のなかに、その人格がゆたかに伸びていく。貧しい狭い人格でなく、豊かなあたたかい人間に育てたい」「この子らが、生まれながらにしてもっている人格発達の権利を徹底的に保障せねばならぬ」ということになります（糸賀一雄『福祉の思想』日本放送出版協会、1968年、177頁）。

　考えてみればもっともな話です。しかし、実際に障害児者を目の前にすると、支援者も親も魔法にかかったように動きがとれなくなります。それどころか、発達保障という権利ではなく、その正反対である慈悲を求めだし、いつの間にか逆差別と言われるような設定をしてしまいます。この設定が多く

21

の障害児者の発達をスポイルしていきます。

　最近流行の『合理的配慮』についても、当人が発達するための権利であり、慈悲を求めるためのものではないはずですが、当人や支援者も含め、その違いがどこまで意識されているのかについては、疑わしいものです。僕は、対象者を企業にお任せする際に、必ず何等かの配慮をお願いします。先の企業さんから、これほどまでに細かく具体的に説明されたことはないと言われたことも、一再ならずあります。そういう立場にいる僕が、誤解を恐れずに言うならば、配慮と甘やかしは紙一重であり、配慮が発達の妨げになってしまうことも多々あり、その危惧はつねに感じているところです。多くの（本当は不要な）配慮擬きが、当人の企業就労継続を危うくしてしまう例は、数多くあります。合理的配慮という名の下に実施されることが、その人の人格を発達させるための配慮になるのか、逆に発達を阻害する甘やかしになるのかは、現場の人間がさまざまな変数を考慮・予想しながら判断しなければいけないものだと思います。決して、法律の専門家が現状だけを切り取って線引きできる類のものではありません。

　あるとき、聴覚過敏のある28才の女性が、僕らの支援を希望して入所してきました。彼女は、大学を出て数々の就労経験を積みながらも、そこに馴染むことなくはじき出されることを繰り返していました。その理由を彼女の言葉を借りて説明するならば、

「挙動不審と言われてしまい……」

　ということになります。早速、僕らの施設で実習生として仕事をしてみたときの様子と、成育歴などからとったアセスメント（評価）をもとに、就職を目指して訓練を開始しました。その際に、それまで某国立支援機関からの勧めで使っていたノイズキャンセラーの使用を中止しました。聴覚過敏＝ノイズキャンセラー、という紋切り型支援は、マニュアル通りであったとしても、しばしば解決を先送りにし、開き直りを生み出します。今回は、開き直ることなく向き合うほうを選んだ彼女でした。

　前職では挙動不審と言われて退職せざるを得なかった彼女は、コミュニケ

第1章　どこへたどり着きたいのか

ーション能力をメキメキ上げていき、大きな病院の事務職員として働くことになりました。もちろん、ノイズキャンセラーだけが要因だったとは思いません。しかし、彼女自身が、

「慣れることも大事だと思う」

と言って決断したことでした。

もう誰も、彼女のことを挙動不審だとは言いません。

# 4 ● どこへたどり着きたいのか

平成28年11月13日に、NHKのドキュメンタリー番組『NHKスペシャル 終わらない人 宮崎駿』という番組が放映されました。その番組中、宮崎駿が株式会社ドワンゴの率いるCG（コンピューターグラフィックス）作成 チームによって発表されたプレゼンを酷評していました。プレゼン内容は人工知能を使って作ったという「気持ち悪い動きのCG」の紹介でした。その、ひたすら気持ち悪い動きを追求したCG映像が、宮崎駿に『極めて不愉快』と切って捨てられたことが、ちょっとした話題になりました。

僕の印象に残ったのは、そのやり取りの中で、スタジオジブリの鈴木敏夫プロデューサーがCGチームに対して投げかけていた質問です。鈴木さんによる質問は、

「どこにたどり着きたいんですか？」

というものでした。

僕らの仕事（知的・発達障害者の就労支援）も同じで、頭のてっぺんの辺りで「どこにたどり着こうとしているのか」をつねに意識しておかないと、やっていることが無意味になるか、誤学習と悪影響の温床になります。

翻って、就職を支援すると標榜する施設群を見回してみれば、この当たり前のことが実行されていないことに気づきます。たぶん、当たり前すぎて語られなかったため、忘れられてしまったのでしょう。どこにたどり着こうと

23

しているのかなどという小難しい話は、お客さん（訓練対象の障害者）からの
ウケが良くありません。そんな理由からあえて触れずにいるうちに、皆の脳
から雲散霧消してしまったのかもしれません。

　僕はよく、支援は御用聞きじゃないと言います。しかし、実際は、支援者
が単なる御用聞きになってしまっていることが多いのです。どのような対象
者への支援であっても、どこへたどり着こうとしているのかがはっきりして
いないと、プランは立てられないはずです。まずは、そこをしっかりと考え、
意識し続けることが大切だと思います。そのうえで、個人の特性や環境の問
題を確認し、具体的なアプローチを考え、実践するのが筋でしょう。さらに、
相手は刻々と成長するし、変化もします。実践したことを振り返り、良し悪
しを評価し、必要に応じてアプローチに修正をかけて行かねばなりません。
このフェーズでも、どこにたどり着こうとしているのかが意識されていなけ
れば、欲動に振り回されて、筋を見失ってしまいます。

　宮崎駿に「極めて不愉快」と切って捨てられた気持ちの悪い CG 映像は、
どこへたどり着こうとして生み出されたのか……。そんなことを思いながら、
僕は自分のフィールドに潜む深刻な問題について考えざるを得ませんでした。

　ある人（ADD・注意欠陥障害）から、こんな相談を受けました。その人は、
2 年前まである就労移行支援事業所を使っていたと言います。体調が回復し
たら、社会復帰を考えたいのですが、そのときに再び福祉を使うべきなのか
どうか、迷っているというのです。話が、前職に就く前に利用していた施設
の話になりました。彼がそこへ行くと、ノートパソコンとテキストを渡され
て、それを自分のペースで進めて行きます。自分で質問したいときに質問し、
寝たければ寝てもいいのです。その中で働く体験を積むことは皆無でした。
当然、訓練といってもパソコン操作をマイペースで勉強しているだけですか
ら、適職場とのマッチングなどできるわけがなく、職場選びに対する助言も
ありませんでした。といいますか、そのようなプログラム？　が個別に行わ
れていたとしても、そこから就労に向けての本質的な課題を拾い、対策を打
てるわけがありません。たとえ助言されたって、にわかには信用できないで

しょう。さらに、そこで行われる就職活動支援は、壁に求人票（身障者向け）を貼りだしておき、それを見てください、というだけのもの。彼は言われた通りに、そこから自分で応募先を選び、どんどん応募しては断られることを繰り返します。2ヶ月で150社受けて、すべて不採用。次第に焦りが生じて、仕事を探すので精一杯の状況となりました。障害特性に負の刺激が加わり、ネット上のものも含め、目に入った求人案件すべてに飛びついてしまうようになりました。特性が悪く出てしまった状態です。

　結局彼は、派遣の仕事（SE）に就きました。しかし、全国を転職して回るような仕事で、プロジェクトが終了すると自宅待機になってしまいます。最後には、二次障害で鬱になってしまいました。僕だって、そんな条件で働いたら、抑鬱状態になってしまうでしょう。その話を聴いたとき、僕は彼にかける言葉もありませんでした。

　読んだ皆さんは、びっくりされるかもしれませんが、こういうおかしな例は、枚挙にいとまがありません。根本的に変なのは、この支援施設が、この人のどこがネックで安定就労に結びつかないのかについて、何も考えていないことです。パソコンの使い方を教えて就職できる人であれば、就労支援施設を使う必要などないはずです。この施設は、一体どこにたどり着こうとしているのでしょうか。

　就労支援の真髄は、対象者の何が原因で働き続けることができないのかを見抜くことです。原因が見抜けなければ、訓練に必要な便宜上の手段を設定することはできないはずです。事例の施設ではパソコン操作を主たる訓練にしていましたが、この人のどこを観て訓練内容を決めたのか、僕にはまったく理解できませんでした。

　原因へのアプローチにならない方便を堂々と「訓練科目」と謳い実施する事業所と、そうとは知らずにそこで大切な時間を使う障害者たち。その結果導き出されるのが、二次障害を発症させるような就職への着地。こんなものは、福祉でも教育でもありません。単なる貧困ビジネスです。その訓練や教育は、どこにたどり着くのか。僕たちは、今一度厳しい目で問い直す必要があると思います。

## イラストカード その① 健康管理編

　ここでは、「就労移行支援事業所 ftl ビジネス・スクール、就労継続支援Ｂ型事業所 ftl ビー・ワーク」で、実際に使用しているイラストカードを紹介していきます。イラストは、個別の事案ごとに作成され、職員の共有財産になっています。

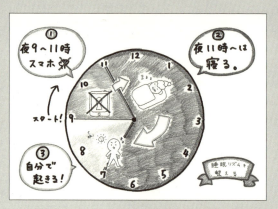

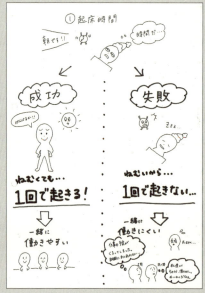

# 第2章

## 『普通』議論

# 1 ● 古典的普通

　僕が勤務している就労移行支援事業所では、ときどき休日を使って、OBとの交流会が行われます。就職したOBたちに、予め案内を配るのですが、懐かしい顔がたくさん集まってくれ、おおいに盛り上がります。さまざまな危機を乗り越えて逞しくなったOBたちの顔を見ていると、僕らがやっていることは就労前指導であるということに改めて気づかされます。当人が僕らと一緒に働きながら築きあげるものは、スタートラインに立つための前提条件のようなもので、それ自体は至って普通のことです。

- 基礎体力の上に、注意力、集中力、持久力、というようなものがバランスよく発揮されること
- 他者からの働きかけに対して、目的や対象を共有し、応じられること
- 自分から働きかけるときは、相手の事情をその人なりに感じ取ろうとすること

などを、日常的に過不足なく粛々と行っていければいいわけです。社会人としてのありふれた風景に溶け込むための資格は、秘書検定試験に合格することでもなければ、ITリテラシーを高めることでもありません。

　OBとの交流会で、就職して3年が経過した青年が僕に話しかけてきました。

「いろいろあったけれど、何とかやっています」

〈優れたことをやろうと思わなくていい。普通にやって行こう〉

「普通のことを普通にやっていくことが、一番難しいんですよねぇ……」

〈そのことに気づいた人は、すでに普通なんだよ〉

　僕は、数年前に「就職したい」と勢い込んで僕らの就労移行支援事業所を訪れた彼の状態を思い出し、感慨深くなりました。こんなことを話し合える

第2章　『普通』議論

日がくるとは思わなかった……。

　彼はADHDの診断名をもらっており、チックもあります。彼自身、誤作動する身体には気づいているけれど、自分自身でそれをコントロールできないという、苦しい障害です。僕らとの訓練期間中も、彼にはさまざまな困難がありました。口周りの動作がおかしくなってしまい、喋れないほど舌を噛むチックが頻発し、仕事にならないこともありました。そんなときは、微妙に負荷をコントロールして、動けるという自信を回復させます。そんな時期を経て、企業で働きながら社会生活を営み続けている彼が、

「普通にやっていくことが、一番むずかしい」

　と言いつつも、愚直にそれを目指し続けてここまで来たのは事実です。それを誰も否定することはできません。普通じゃないというレッテルを貼られたことのある者に、普通じゃなくてもいいんだよ、という優しい言葉をかけたとしても、そこに通底するものはなく、空しい思いをするだけです。そんな経験を嫌というほどしてきました。

　普通という架空の範囲と格闘しながらも、せめて、それを目指し続けるうちに、普通という範囲が明確に決まっているわけではないということに気づければいい、などと思います。

　人というものは、社会の中における自分の存在意義を求めながら生きて行くものだと思います。これを具体的に感じる場面はさまざまですが、普通に暮らすということを証明する手段の一つとして、今日のご飯を食べ、明日着て行くものを用意できる経済力を持つということを具体的な目標として意識できる人には、軸のぶれない強靭さがあります。

　昨今の就労支援において、意外と軽んじられていることの一つに、職業観の問題があります。これは、就職するためにも働き続けるためにも、御座なりにすべきではない問題だと考えています。職業観などと言うと、何やら哲学的な話かと思われてしまいそうですが、そんなことではありません。なぜ働く必要があるのかということです。

　普通に思いつくのは、『生活費を稼ぐ』ですが、福祉サービスを使う人か

29

らこれが出てくることは意外と少ないものです。しかし、経験的に言って、この言葉がでてくる人は就職できるし、簡単に離職することもありません。逆に、「ゲームソフトを買いたいから」という理由を第一にあげる人は、就職しにくく、就職したとしても長続きしないことが多いと思います。これは、考えてみればもっともなことです。高校生が遊ぶお金を稼ぐためにアルバイトをする場合、職業観もその限りです。遊ぶことと受験勉強をすることとの優先順位が入れ替わった途端に、アルバイトは終了となります。これと同じ現象が、「ゲームソフトを買うため」の就職には付きまといます。就職しにくいのも、続かないのも、当然のことだと言えます。

　数年前のことです。中学校卒業後、すぐに就職して働き続けてきた恵子が、リストラによる離職後に僕たちの支援範囲に入ってきました。当時44歳だった彼女は家庭環境には恵まれず、若い頃から通勤寮やグループホームで暮らして来ました。

　失礼ながら、恵子と10秒も話せば彼女が平均的な人ではないということは分かります。しかし、とにかく働く意欲は旺盛で、そこはかとない強さを漂わせていました。もちろん、能力的には限定されるところが大きく、年齢やスキルにおける厳しさもあり、訓練したからといって、そう易々と就職先が見つかる状況ではないということは分かっていました。時に大き過ぎる位のスットンキョウな声、不注意で忘れ物が多いこと、すれ違う人にぶつかること、姉御肌が過ぎて仲間から怖がられることがある、ブツブツ独り言が多い、羞恥心がない、など、眉をひそめられてしまうことも多く、それが訓練課題にもなっていました。それはそれとして、余りある問題があっても尚、きっと大丈夫だと思わせる風情が、彼女にはあります。

　僕らの支援下でも、３回ほど就職にトライして先方からお断りの連絡をいただいています。しかし、なぜか僕は心配しておらず、やがて決まるだろうと思っていました。根拠は、彼女の『そこはかとない強さ』です。

　恵子の強さを下支えする要素は、おおざっぱに言って二つあると思います。その一つは、感謝の気持ちです。以前、恵子が唐突に、担当職員に対して手

紙を書いたことがあります。金釘流の字で書かれていた内容は、彼女が僕らの施設に来てから、彼女のこれまでの人生では教えてもらえなかったことを教えてもらってきたことに対し、

「ありがとうございます」

という言葉でその意が表されていました。

「私は、うまく喋れないから書きました」

と言うのです。このような行動に出るなんて、普段の様子からは、想像もできなかったので、びっくりするやら感動するやら……。見た目だけで内面を推し量ろうとすることの危険性を改めて考えさせられました。彼女は、分かっていないようで分かっているのです。

もう一つの安心材料は、堅牢な職業観です。ご縁もあって、（若干冷や冷やしつつも）予想通り、彼女は２年を経過する前に、ある企業への就職を決めました。その日、僕は彼女と、こんな問答をしています。

〈給料をもらったら、何に使う？〉

「水道代とか、電気代とか、食費とか、給料もらったら、何とか払えそうです。今まで貯金を崩して払ってきたから。やっと払えるようになります。良かった……」

普段は取り立ててすることのない質問です。僕は想像通りの答えにニヤリとし、彼女に対して、同じ世界に生きているな、という親近感と、えも言われぬ信頼感を抱きました。

（そこはかとない強さの理由は、ここにあるのだ。きっと恵子は、頑張るに違いない）

そう確信しました。

もちろん、恵子がそんな所帯じみたことを日常的に言っているわけではありません。訊かれたから素直に答えた。ただそれだけのことです。しかし、この突発的な問答から、恵子における職業観の中枢には、古典的就労自立の思想がしっかりと根付いていることがよく分かります。もちろん、このような思想が一朝一夕にできあがるものではありません。

いわゆる『問題行動』の消去や、それを目立たないようにする工夫は、比較的短い期間でできます。しかし、恵子のような『働き続ける思想』は結晶性のものであり、短期間にできるものではありません。恵子のような堅実な考え方は、ふんだんに配慮（実は逆差別）を受けた、形ばかりの自立を標榜する生活からは生み出されません。『衣』『食』を自前で賄うという、大人であれば当然のことが、恒常的に求められている環境が必要です。

　誤解のないように付け加えますが、ここまで思想が成熟していないと就職できないと言っているのではありません。就職して働きながら、酸いも甘いも噛み分けるようになって行く過程で、根付いて来る思想だと思います。きっかけは、「ゲームを買いたい」「電車に乗りたい」「みんなが就職するから」かもしれません。しかし、そこから深まって行くことが大事なのではないかと思います。そして、そうなって行くためには、本人なりに可能な限り身辺自立していこうとする姿勢が当たり前になっている必要があります。

　恵子を見ていて、つくづく思うことがあります。それは、この域に達すると、いろいろと辛いことこそあれ、働くこと自体が喜びになるのだということです。『衣』『食』を自前にするということを喜び、幸せに感じる。倹しい幸せから目を逸らさない彼女です。

　（僕などは、まだまだハナタレだな）

　恵子より、少し歳が上の僕は、彼女の人生に想いを馳せながら、そう感じました。


# 2 ● 浅〜い『普通』

『チャラい』という俗語がありますが、しばしば僕らが対象とする人たちの中にも、それを普通と勘違いするひとが現れます。今風の……などと言われますが、今でも昔でもモデリングの対象になりやすい者の一つには、気障で生意気な存在があります。

第2章 『普通』議論

　10年以上前のことになりますが、現在も似たような事情に悩まされる現場は多いと思いつつ、事例を挙げます。

　毅（タケシ）は、高校卒業と同時に僕のいる支援範囲に入ってきました。家庭的には恵まれているほうで、そういう若者ほど、世間知らずの無鉄砲な行動をとります。親への反抗は日常的で、自己中心的な態度はつねに周囲とぶつかります。これを『性格』ということで丸めてしまうと、本人も身の置き所を失い、支援者も見て見ぬふりをするようになって行きます。

　毅は、療育手帳（知的障害）を持っています。ある日、そのことについて、僕に話をしてきました。

「（療育手帳は）カッコ悪いから、持ちたくありません」

〈持っていない人が働かずに親に全部やってもらっているのと、持っている人が働いて自分でできることを自分でやっているのとでは、どっちが偉いんだ？〉

「……」

　そんな問答を何度か繰り返したあと、彼は渋々手帳を使うことを選択しました。カッコイイとかカッコ悪いとか、そんなこととは次元の違う話ですが、毅の中ではそれが一緒くたになっています。療育手帳を持たずに自立する、という可能性もありますが、僕が毅の行動を見る限りにおいては、それは相当に厳しそうでした。であれば、暫定的にでも手帳を使って働き始め、それなりに自立するところから始めよう、というのが僕の意見です。

　訓練当時の毅は、とにかく衝突の多い男でした。

「彼女が欲しい」

「職場を出会いの場にしたい」

「チャラい大人になりたい」

「ピアスとタトゥーをしていいか？」

　と、矢継ぎ早に憚りなく語り、職員から厳重注意を受けます。どこで仕入れた情報なのかは知りませんが、彼にとっては、それが二十歳前後の「普通の生活」だという主張です。系統で分けたとすると、ビジュアル系普通とで

33

もいうのでしょうか。よく、視覚優位などと言いますが、ビジュアル系は当に視覚優位です。そのような考え方で真っ当な就労ができるのかというと、これは無理だと言わざるを得ません。職場において何を優先すべきなのか、毅に分かるように説明をする必要がありました。そのためには、一旦毅の側に立ち、毅がなぜそのようなことを言うのか、彼の頭の中を知る必要があります。そして、彼がなぜに相手や周囲の状況をつかみ損ねるのかという謎に挑む必要があるのです。その謎が解けた瞬間、毅が抱えている「なぜ、支援者は俺の言うことが分からないのか」という謎も解け始めます。やり取りが噛み合うときというのは、しばしばこういう過程を踏むものです。

　ある日、毅は僕らの職場（施設）内で、同じチームで一緒に作業をしている同僚を逆恨みして、危害を加えようと企てました。彼が攻撃用の鈍器を職場に持ち込んだところ、それが担当職員の目に触れ、厳しく指導されたことがあります。毅の言い分は、

「俺は我慢も努力もしている。だから、相手が俺に合わせるべきだ」

　というものです。極めて主観的で短絡的な主張です。毅の主張には、相手も努力をしているかもしれないという仮定がなく、一方的な断罪になっています。偏った捉え方だと言わざるを得ません。それがそのまま実行に移されていたら、警察沙汰になってしまいます。当然、積極的に指導を加えるべき場面です。しかし、僕らの側に、毅がなぜそこまで主観的になってしまうのかについての推測がなければ、何を言っても指導にはなりません。僕らの関心が、毅が何を言ったのかではなく、なぜそのようなことを言うのかに集まっている必要があります。

　その夜、毅の親から精神科の主治医に無理なお願いをしてもらい、本人と僕と母親とで緊急通院をしました。毅は、主治医と僕と母親にコンコンと言い聞かされることになります。主治医と毅との会話は、しばらくの間は堂々巡りでした。しかし、さすがの毅も、夜の静かな病院内で、主治医の真剣な眼差しを感じ続けると、次第にことの重大さに気づき始めました。最後には、背に腹は代えられぬと思ったようで、毅の側が折れ、彼の処方箋は増薬の方

34

向で書き換えられました。背に腹は代えられぬということは、条件闘争を飲んだということに過ぎません。本当の理解と納得は、時間外診療の膝詰め談判で完結するものではありません。それでも、一旦振り上げたこぶしを下ろさせる形で彼の社会生活に向けての希望をつなぐ必要があります。僕にとっても、背に腹は代えられない暫定的な対応です。薬を増やしてもらって解決する問題ではないことを、主治医も僕もよく知っており、その上での時間稼ぎです。

　時間稼ぎは賭けでしたが、まったく勝算のない賭けではありませんでした。それまで、僕は何度となく毅とやりとりをし、彼の側が矛を収め、行動を変えて来たのを確認してきています。また、「チャラい大人になりたい」というトンデモ発言もなくなっていました。果たして彼は、破たん一歩手前の崖っぷちで踵を返し、その２年後には見事に企業就労を開始しています。

　彼の言う「普通」の概念は、僕らと出会ったばかりの頃と比較して、随分と僕ら寄りに修正されてきました。それが良いとか悪いとかではなく、確実に社会生活を営みやすい状態になって来た背景には、それがあるということです。

　毅の就職先として検討されたのは、あるスーパーでした。そこでの職場実習を設定した際に、彼は仕事内容の詳細を伝えられています。内容は、店内での品出しを含む業務です。店内に出ている時間は多く、深い対応までは求められないものの、来店客への一次対応もあります。僕らの下で訓練を始めた頃の毅は、ほぼ毎日が対人トラブルといった様相だったので、不安はありました。ところが、本人はどこ吹く風で、何が何でも実習を成功させたいと意気込んでいます。それならばということで、僕らは実習を成功させるための作戦会議を本人中心に行っています。

　まず、有利な点としては、毅の強い記憶力があります。これは、そのまま生きるでしょう。逆に不安な点は、お客さんを優先することができるかどうかです。そこで、実習を１ヶ月後に控えた時期から、僕らの職場内で毅が関わり合う人たちのうち、上司（支援職員）以外のすべてをお客さんだと思っ

て対応するという訓練を行うことにしました。

　毅は、実際に実習する先の職場環境を観て来ていますから、「お客さん優先」をかなりリアルにイメージできています。切実感満載の彼は、注意されるたびに自分にそれを取り入れて行きました。ただし、ここでも毅と僕らとの激論は避けられません。決して当たり障りなくはできないのです。問題の根っこにあるのは、彼の側にある固定観念です。「普通は○○だ」と毅が思う普通が普通じゃないのです。それを社会に出て行く前に相応なものに更新させて行かなければいけません。そのためには、次々と彼の中にあった狭くて固い『普通』の概念が壊され、再構築されていく必要があります。

　毅がピアスにタトゥーのチャラい姿を「普通」だと主張したとき、一気呵成にそれを障害者の権利として無条件に認めてしまう風潮もあります。しかしそこには、別の「普通」と比較検討したときに、彼がどちらを選択するのかという想像がありません。それをそのままに、何の議論もなく受け止めてしまったとしたら、彼が偏りから解放されるような概念の更新はできず、彼が生活できる範囲も広がりません。僕らがそこへのアプローチをせずに済ませようとするならば、毅は人として成長する機会を逃すことになります。主に僕らの側にこの部分に向き合う覚悟さえできていれば、すったもんだしながらも成長も発達も観られるものです。

　毅を担当していた職員も、上司役として毅から眼を逸らさずに指導しつづけました。毅も担当の意見を良く聴くようになりました。そんなことを繰り返しながら、毅は職場実習の日を迎えます。

　やがて、緊張の職場実習を乗り切り、面接を経て採用の通知を頂いた彼は、社会人として普通に働き普通に暮らすということの意味を知るための切符を手にしました。「お客様第一」が合言葉のようになった今、以前のようにチャラい男に憧れる勘違いもなくなりました。並行して、毅の雰囲気が、社会に寄り添う感じになってくるから不思議です。

　毅は、忙しい職場で重宝がられているようで、その期待に応えようとして「お客様第一」で自分の行動を決定しつづけているようです。その幸せ感は、

毅が最初に主張したチャラいものとは似ても似つかないものですが、彼はこれを護りたいと思っているようです。

毅の場合、どういった類のトラブルも、他者から見たときの状況が掴めていない、一方的な断定が根底にあります。これを我儘な性格と捉えると、僕らの思考は停止します。性格だからしょうがないということで、厄介払いしようとしてしまうのです。こうなってくるとプロ失格です。もちろん、僕らの力量では対応できないケースもありますが、対応可能な範囲をどこまで広げ深めて行けるかが、支援施設としての質を測る重要な基準になるべきだと思います。

当初、毅の言う「普通」は、誠に底の浅いものでした。僕も、なぜにこんなにも深まらないのかと頭にきたことがあります。しかし、頭にきて性格のせいにして匙を投げるのはプロの仕事ではありません。チャラい＝普通という浅い論理がそのままで認められるようでは、毅の成長はなかったでしょう。支援者が自身の思考範囲を超えて彼側の事情を推定し、当てずっぽうではないアプローチをすることでしか、毅の望む向こう岸へのルートは工作できません。

毅の場合、親子関係の変化もかなり大きく影響しました。初期の頃は家庭内トラブルの勃発続きで、母さんも憔悴しきっていました。毅はとても正直な男で、家で勃発したトラブルのうち、スッキリ解決しないものをすべて僕らに報告してきます。明らかに彼の自己中心的な捉えや主張、思い立ったら即行動してしまう溜めの無さ、起ったことへの意味づけの未熟さなどが原因になっているのですが、そういった原因は彼の意識に上ってこないので、勢い「俺は悪くない」という結論から始まってしまいます。

この場合、毅との議論は彼の意識に上ってこなかったものを意識に上らせた上で行わなければ、賽の河原に石を積むが如き疲労感で、こちらがキレてしまいます。もちろん、意識に上っていないことを意識に上らせるだけで議論が成立するほど甘いものではなく、有益な議論にするためには、そこから先もさまざまな技術が必要になります。

そんな毅のことですから、母さんの苦労は察するに余りあるといったところです。しかし、この母さんのいいところは、つねになぜこのようなことになるのかという理由について、僕らの意見を聴きながら学び続けていることです。これは、できそうでできないことだと思います。逆に、自分の子どものことは親が一番よく知っているという一般論で括り、それ以上理解が深まらなくなることが多いものです。しかし、毅の母さんは、ひたすら理解を深めようとし続けました。家族と施設との間で情報の伝達をし、母さん自身も成長して行きました。その結果、訓練期間の後半では、家庭内トラブルの報告はほとんど聞かれなくなりました。毅本人は、そういった周囲の苦労を知ってか知らずにか、つねにパワフルに進んで行こうとします。舵取りがしっかりしていないと、パワーがある人は危険なのですが、このケースにおいては、最終的には舵取りが上手く行きました。これは、母さんの功績だと思います。

　支援が上手く行くということは、こういった諸々のことが噛み合うことなのだと思います。当然、噛み合わずに砕け散ってしまうリスクもつねに抱えながら、時間は経過して行きます。毅が就職してから多くの時間が経過しました。今でもときどき、判断を迷うと僕らのところへ電話をかけてくる毅ですが、声色は明るく、お客さん第一主義は健在のようです。また、別の局面で何らかの支援が必要になるかもしれませんが、そのときの悩みは、違った質のものになっていることでしょう。それはきっと、チャラくも浅くもない普通の悩みなのではないかと、そんな想像をしています。

　ひとは、些細な瞬間に幸せを感じるものなのかもしれません。パンが焼けたにおい、外に出たときに聞こえる鳥の鳴き声、朝の澄んだきれいな空気を吸ったとき、1日の仕事を無事に終えてタイムカードを打刻した瞬間……。毅と出会ったばかりの頃、現場が後手に回らぬように、超高速で指導と助言を繰り返す日々でした。当然、親子も僕らも、些細なときに幸せを感じる余裕などありませんでした。そんな日々を思い返しつつ、緩やかに心の準備をしておける今の幸せを感じます。

# 3 ● 浅い『普通』より、深い『幸せ』

　先の事例にあるビジュアル系普通を目指していた毅もそうですが、浅い普通願望に振り回されている人というのは、その人が持っている物差しが小さく、少ないのが特徴です。生きている限り、いろいろな事象と出会いますが、経験を意味づけるために必要な物差しが元々小さく、少なすぎて、その概要を捉えきれません。情報がオーバーロードしてパニックになるか、逆に自分の小さな物差しに現実を合わせようとして破滅的な行動に走ってしまうということが多いと思います。また、この現象が、実に底の浅い層で起こっている場合があります。

　毅の場合、まさに見た目の問題として『普通』を捉え、街を歩く若者の表面的な姿をモデリングし、それが普通だと主張していました。僕は、そこに深い意味を感じなかったので、単純に、

〈(タトゥーもピアスも) やっちゃうと会社に採用してもらえないよ。ここに来ている目的に合わなくなるからダメ〉

　と伝えました。そこのやり取りには時間をかけずに、深い意味を感じられる経験と、その意味づけをする機会設定に力を注ぎました。毅には、見聞きできるものをすべてキャッチしてしまい、さらに、それに対応して動き出してしまうという傾向が強くありました。そのため、話をしていると、言葉の端々に反応し、話題が移ろってしまいます。その割には、自分がこだわっていることは強く把持されており、揺るぎません。こういう傾向がある人と話をしていると、人は頭にくるものです。だから、初期の頃は年中親子喧嘩が繰り広げられていました。評論家は、いろいろと理屈をつけて説明しますが、現場を知る僕に言わせれば、これは無理もありません。いろいろなことを言いだす彼ですが、脈絡ある形で意味あるやりとりをし、会話を終結させるのは至難です。だから、毅の母さんと話すときは、とりあえず、

〈母さん、よく頑張っているよね〉

　の一言から入らざるを得ませんでした。

しかし、プロの僕らは、そういうわけには行きません。何とか意味あるやりとりをしなければ、限られた時間を無駄にしてしまうからです。先ほど、言葉の端々に反応し、話題が移ってしまうと書きましたが、そういう状態だから、学びの層が浅くなるのです。したがって、彼には徹底して表面的な反応を抑制することを求める形の訓練を積んでもらいました。その目的は『頭に来るから』ではありません。意味深いやりとりをするためです。

毅の日常は、余計な反応に満ち溢れていますから、訓練科目も日常生活の中に満ち溢れています。満ち溢れすぎて収拾がつかなくなるので、仕事の場面のほうがいい訓練になります。仕事の目的というのは顧客との約束を守るというハッキリしたものであり、これは揺るぎません。つねに、そこに立ち返ることができます。加えて、お金を頂く以上はそこに責任が発生し、その責任を果たす気がなければ、報酬をもらう権利もないという非常に分かりやすいルールがあります。「働かざるもの食うべからず」です。

そんなわけで、毅には、『一緒に働く』という支援が最も分かりやすく効果的でした。余計な反応をしていたら、作業チームの効率は著しく落ちます。そこを徹底して回避しなければ、納期は守れず、次の仕事も失います。顧客と約束した作業量は、独りでできるような量でもありません。そんなのっぴきならない状況の中で、働くことの意味と、責任を果たすことの面白さを感じ始めました。そして、これがすべての土台になりました。

他者と間にある共通の意味や目的を見出し、そこに向かって協働する苦労と楽しみを味わった彼は、次第に、そのための行動を繰り返すようになって行きます。このベースができていないと、企業就労と自立への鍵を手にすることはできません。彼はそれを手にして、やがて職場実習させていただいたスーパーに就職していきました。相変わらずちょっと変わった店員です。

ときどき、思い出したように質問の電話がかかってきたりもします。しかし、きっと毅が第一に求め護りたいのは、堅実な生活のふとした瞬間に感じる幸せなのだろうと想像できる雰囲気があります。それは、自分独りではなく、周囲に応援されながら苦労して手に入れた、深い幸せに違いありません。

第2章 『普通』議論

## イラストカード その② 日常生活管理＆社会生活スキル編

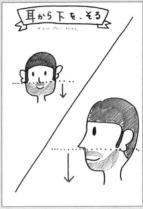

41

# 第3章

## 『支援の筋』

### 〜ボトルネックの発見〜

# 1 ● 支援する側の任務

**訓練内容の根拠を考える**

　就職したい彼に対して、就職できるようにするための支援を行う僕らがいます。これだけのことであれば、特に問題ありません。しかし、現実には、ここに深刻な問題が発生していると思います。それは、支援する側の姿勢という問題です。あまり指摘されることがありませんが、浅くて重い問題だと思います。本当は、「姿勢」ではなく「思想」と書きたいところですが、残念ながらそんなに深い問題ではないのです。

　知的・発達障害の若者がいて、ここで就労自立を夢見ているとします。多くの場合、その時点では『夢』であり、夢と現実の間には多くの越えなければならない課題があるものです。その道中を同伴するのが僕らのような支援者です。道中を同伴すると言ったって、ただ横についていれば良いわけではありません。目的地は一般社会であり、その範囲はある程度決まっているのですから、そこに向けて最適なルートをたどって行けるようにする必要があります。最適なルート選択というのは至難ですから、最悪にならないように、と言い換えても良いかもしれません。

　障害の有無にかかわらず、就労自立という形で責任を果たしつつ、その人に取り扱える範囲の自由を手に入れるためには、いくつかの必須条件があります。その必須条件のうち、自分に欠けているのは何かということに気づける人は、その時点で問題の半分以上が解決しています。しかし、就職して働き続けることが困難なケースの大半は、この範疇にない人たちです。家庭・学校教育や社会福祉というものに期待される機能を考えた場合、僕らの専門性や任務というものは、『範疇にない人たち』が自覚を持ってその範疇に入り、自助努力を始めるまでのプロセスに係ります。まずは、支援者側にその自覚があるかどうかというところが問われます。

　ある就労移行支援事業所は、利用者を集めるためにハローワークの合同面

第3章 『支援の筋』〜ボトルネックの発見〜

接会会場で、すでに自覚を持って自助努力をしている人たちをターゲットにして事業所のビラを配るという営業活動をしていました。そのターゲットになっている人たちというのは、ビラを配っている側の制度を使う必要がある人たちだとは思えません。配り手の事業所は、僕が勤めているところなど足元にも及ばないほどのネームバリューを持つ施設です。配っている職員たちは、いったいどういう気持ちでその行為を繰り返しているのかと思います。あるいは、言われたからやっているだけなのかもしれませんが、社会福祉における就労支援の現場を務めようとする者が、何の疑問も持たずにそのようなことを行っているとしたら、世も末だと思います。

　別の例を挙げます。数年前、ある特別支援学校高等部に勤める進路指導の先生が、眉間にしわを寄せて僕のところへ相談に見えました。太郎という3年生生徒の進路についてでした。先生は、ある福祉サービス事業所を指して、「太郎をあんなところに行かせたくない。あそこへ行って太郎が自立できるようになるとは思えないのです。何とか親の考えを変えてもらえないだろうか」

　と言います。僕は、たまたま、先生の言うあんなところの代表者が、特別支援学校の保護者向けに語っている席で、その話を拝聴したばかりでした。僕がその代表者の話を聞いて受けた印象が、この先生とまったく同じだったので、びっくりしたことを覚えています。

　進路指導の先生を悩ませた福祉サービス事業所は、主に特別支援学校高等部を卒業した人たちを対象に、短期間の訓練制度を二つつなげ、4〜5年間支援する設定になっています。彼らが利用者（＝お客さん）を集めるときのフレーズは、「青春を謳歌しましょう！」です。

　カリキュラム的なものがホームページなどで宣伝広告されていますが、その主たる内容はカルチャースクールそのものです。息の長い余暇活動支援なら納得いく内容ですが、短期間の訓練事業を使ってこれをやるのだから、何を考えているのか首を傾げざるを得ません。

　僕が進路指導の先生から相談を受けたあと、その生徒は「青春を謳歌した

45

いです！」と口走りながら、本人も強く望んでその事業所へ実習しに行きました。彼は、2日目にしてそこへ行くのを嫌がりだしたそうです。何とか実習を終えて、先生が生徒に行く気をなくした理由を確認したところ、その生徒は、静かにしているべき時間に、机をバンバン叩いたり、大声で歌を歌ったりしている人がいても、先生方がまったく指導をしない（放置している）ことを例に挙げ、

「注意してくれる人がいないと酷いことになってしまう。先生が言っていた通りだった」

と言って、愕然としていたそうです。

この生徒が言っていたことをすべて真に受けるというわけではありません。しかし、短期的な訓練制度を二つ使い、その実態がカルチャースクールというのは、明らかに法制度の趣旨と目的に反していると思います。本来、カルチャースクール的余暇支援は、一般相談支援や地域生活支援センター等を上手く使って、当人が就労したあとでも、長く余暇活動が楽しめるようにコーディネートするべきで、短期の通過施設が4年間だけ稼がせてもらおうという目的で、その支援内容の中核に据えていい分野ではありません。

「青春を謳歌しましょう！」と言って、カルチャースクールの絵を魅せ、それがどのようなところへ帰結して行くのかについての説明は「人格形成のための青年期教育」程度のぼやけ切った言葉で表現するにとどめています。当然、成果についても何ら具体的なものを示し（せ）ません。宣伝文句として提示されているのは、抽象的で漠然とした『目指すもの』ばかりです。目指すのは勝手ですが、本来求められている効果が出ないメニューを用意しておいて、藁をもすがる気持ちでいる人たちに対して言葉巧みにそれを売りつけるのはやめていただきたいと思うのです。青春を謳歌することに反対などしませんが、そのために必要なことを具体的にせずに、甘いところだけを吹聴して、とりあえずお客さんを獲得してしまおうという魂胆が、その事業所の向こうに透けて見えます。あるのは、抽象的で漠然としたな目標ばかり。

僕らが支援の対象とする人たちの多くは、脳内の情報処理過程に障害を持

第3章 『支援の筋』〜ボトルネックの発見〜

つ人たちです。視聴覚を経由して入って来た情報のうち、本人が好むものや極端に嫌うものが映像として焼き付いてしまい、それに思考すら奪われてしまう人も多くいます。さらに、そういう人に限って、しっかりとしたビジョンを把持しながら自前で映像を作り出し、それを指針に生活を組み立てていくということが著しく苦手です。彼らは、そういうきつい障害を抱えながら頑張っているのです。この人たちが、現実社会の中において、前向きで自尊心を保てるような社会生活を送れるようにして行くためには、情報提供の段階でさまざまな工夫が必要です。

そういう障害を持つ人やその家族たちに向けて、一部の福祉サービス事業所が、彼らの脳に焼き付かせるための変な制度運用と宣伝広告をしています。その結果、水が高いところから低いところへ流れるがごとく、障害を持つ若者が翻弄され流されて行きます。親や教師がカルチャースクールメインの生活に反対している場合でさえも、子の脳はすっかり心地良い映像に持って行かれている状態なので、暴れ出してしまったり、カルチャースクールに入ったあとの時間（刷り込まれたイメージ）にタイムスリップして、心ここにあらずの状態になってしまったりします。その先の生活にあるのは、社会の中における役割混乱であり、アイデンティティーの確立とは程遠い「青春時代」です。結果的に、就労自立という目的地は、いつの間にか当人の周辺に見当たらなくなってしまいます。逆に、このようなカリキュラムに乗っかって就職し、自立して行ける対象者は、おそらく施設を使う必要のない人たちでしょう。

障害者支援（特に、知的・発達）を対象にする仕事は、元来アダムスミスの言う『神の見えざる手』（市場原理）が自然に働く世界ではありません。そういった自明の前提を無視して何でもありにしてしまうから、このようなうそ寒い状況になるのです。また、このような状態は、かかっている国費についての費用対効果という角度からみても、疑問を抱かざるを得ません。社会福祉法人も含め、倫理感なき制度運用の実態は、即座に改めて行くべきところだと考えます。

47

それにしても、なぜこのようなことが起こるのでしょうか。おそらくそれは、支援をする側も使う側も、何が原因で就労自立できずにいるのかということが分かっていないからだと思います。需要側も供給側も、共に真のニーズが何なのかを掴んでいない場合、市場全体が虚像に向かって動き出します。だから、正常な市場原理が自然には働かないのです。市場がこういった構造である以上、プロである支援者は対象者におもねるのではなく、対象者の成長に必要なことについて彼や彼女や家族たちと真剣に議論できるようでなければいけません。

# 2 ● 学生と社会人の間にある最大の違いに注目した訓練を

　僕らのような就労支援施設が行う訓練の目的は、対象者が効果的に訓練を積んで、社会に寄り添って生きて行く自信をつけさせることにあります。そのために必要な環境や指導支援については、次のようなものだと考えます。

　第一に、企業就労を目指している以上、就職する前に、まとまった期間1ヶ所で働いた経験がないというような状態は解消しておくべきです。例えば、特別支援教育の中では、早ければ中学校時代から、仕事の体験を積めるようにカリキュラムが組まれています。また、高等部になれば卒業後に就労を考える生徒には、産業現場での実習が実施されます。とても意味深いことであり、学校教育の範疇で就職の準備をする場合、欠かすことのできないプログラムだと思います。

　また、学生が社会と触れ合う機会として、ボランティアやインターンシップなどを活用することもあります。これも同様に大きな意味を持つでしょう。しかし、実際には、短期間の実習だけで働きだしたあとのイメージを持つということは至難です。そこには、何かが足りないのです。

　一般的な大学生を例にして考えてみます。彼らは在学中、どこで働く心構えを作るのでしょうか。大学の講義やゼミではそれを体得できません。多く

第3章 『支援の筋』～ボトルネックの発見～

の学生は、アルバイトを経験しており、それこそが実益を伴う効果的訓練であり、将来の就労自立につながる貴重な体験になっています。自分自身を振り返ってみても、この経験が働く自分を支える基礎になっていることは明らかです。

　アルバイトはボランティアとも実習とも異質のものです。その違いは、どこにあるのでしょうか。いろいろとあるでしょうが、最も大きな違いは、給料をもらうことが目的になっているかどうかにあります。単純な話ですが、なぜ給料が手に入るのかという問いに対して答えるには、実際に給料をもらうことを目的に働いた経験が必須になります。

　繰り返しになりますが、実社会に出て働くイメージを作るには、契約を履行するという意識をその人なりに持つ必要があります。そこで、就職を目指す訓練の設定として一番大事にしたいことは、顧客があり、納期が決まっていて、規定の品質が求められる仕事に取り組める環境です。これには顧客から支払われる報酬が伴う必要があります。なぜ、報酬が必要かは、自分が初めてアルバイトして給料を手にしたときのことを思い出せば分かると思います。必要とされることをキッチリやることで給料が手に入るという理屈は、自明のことであると同時に、机上では理解できないものです。平均的な人であっても体験してみて初めて分かるという性質のものですから、抽象的思考が苦手な人たちがレクチャーでこれを理解するのは絶望的なことです。それどころか、レクチャーを聞く中で誤学習してしまうという例を嫌というほど見て来ています。言うは易く行うは難しです。

　僕はよく、見学にみえた親子などに、

〈学生時代と就職したあととを比較したときに、一番違うことは何だと思いますか〉

　という質問をします。いろいろな答えがあると思いますが、その中でも『時間管理』の違いは際立っていると思います。職業人における『今日のスケジュール』は、顧客との約束（契約）から逆算して立てられるものであり、それを遂行することこそが『仕事』です。これは一旦社会に出てしまえば当

49

たり前のことです。しかし、特別支援学校にせよ、高校にせよ、専門学校に
せよ、大学にせよ、学校の中でこれを恒常的に行うことはできません。とい
うことは、就職後180度違うのは、まさにこの点だということになります。
実社会で働き暮らしていくためには、この違いに身体と頭が慣れている必要
があります。ソーシャルスキルも、資格も、免許も、この土台がなければ
「猫に小判」です。

　ワークサンプルや SST や机上の座学をいくら繰り返しても、実際に契約
を履行してその報酬を得るという経験がなければ、それはエンジンの乗って
いない自動車みたいなもので、大して役に立ちません。タッチタイピングを
覚えても、それを使ってやることの目的がしっかりと意識されていなければ、
単なる遊びです。そして、どちらかというと、目的意識を持つということの
ほうが難しいことなのです。

　あるとき、事務職に就きたいという青年をそういう職場につなげたことが
ありました。彼は、高校生のときから事務職に憧れており、僕も、そこまで
言うならやってみよう、ということで就職先を探してきて、その職場への引
き継ぎを行いました。彼は勇んで夢にまで見た事務職として就職しました。
僕は、彼の定着支援にあたりました。高校時代から、事務職に就きたいから
といってワードやエクセルを習い、卒業後もそれを欠かさなかった彼です。
しかし、結果は惨憺たるものでした。半年ほど勤めたあと、職場から、
「彼はパソコンを触りたいだけだよね。事務方として働きたいと思っている
わけではない」

　と辛辣な指摘を受けたのです。彼には、仕事として事務という縁の下の力
持ち的な役割を担う意識などさらさらないという、職場からの厳しい指摘で
した。

　（オママゴトのような PC トレーニングをする以前に、訓練としてやってお
くべきことがあるでしょ？）

　という実社会からの厳しくも現実的な評価と問いかけに、僕は忸怩たる思
いでした。十分に分かっているつもりだったのですが、当時の未熟な訓練内

容の中で、実社会に通用するアセスメントがとれていたのかと尋ねられると、胸を張って答えられるような状況ではなかったと言わざるを得ません。

よく『カリキュラム』の中に組み込まれているコミュニケーションのトレーニングについても同様です。職場において必要とされるコミュニケーションを、どこでどうやって体得するのかというと、その場所や形は、レクチャー（講義）やミーティングやロールプレイングといったものではないと、僕は断言します。職場においては、さまざまなスキルやマナーも、顧客との約束を守るという目的に沿って仕事が進むために、工夫され遂行されるのです。それをやらないと明らかに仕事が滞るという環境下でのみ、それらは身につくものです。

例えば、任された作業が終わって「終わりました」と報告できないと、当人のみならず、前後の工程に就いている人の生産性も落ちます。ひいては、職場全体の生産性が著しく低下します。生産性の低下により、顧客との約束が守れる幅が狭くなり、職場全体の稼ぎも減ります。そういった状況を理解して、だから報告は大切なのだ、という理解にたどりつかないと、当人に「報告しよう」という動機が生まれません。単純かつ重要なことですが、実際に働いてみるという設定をして、そこに身を置かない限り、絶対に分からないことなのです。実際、このあとに事例として挙げる指示待ちタイプの人は、このような設定が必須条件になります。オママゴトを繰り返していても、畳の上の水練にすらなりません。これは滅多に指摘されませんが、実は多くの訓練施設で実証済みのはずです。

逆に、前述したような環境設定で、チームワークという形の中で仕事に取り組むことで、彼は自分から仕事を取りに行かなければいけないという切実感を持つようになります。情況認知が悪い人であっても、指導者が（オママゴトではない）真実の情況説明をリアルタイムに加え、その場面でどう動けばいいのかを本人に入りやすい経路で伝えていくことで、切実感を持たせやすくなります。こういった経験を日常的に繰り返して行けば、仕事中の職場という環境下においては、場を読んで動くことができるようになります。上

司や同僚との『人づき合い』の必要性に当人が気づき、教えられたことをその場で必死になってやろうとするという変化が表れます。

　僕はよく、会話と対話の違いについて考えます。会話が事務的に進められるものであるとすると、対話は信頼関係を作り上げていくものだと思います。慣れていない支援者は、対象者と対話することができません。対話とは、本人にとって重要な事柄について、真剣に話し合い、考え方や行動原則を通底させる営みです。僕の場合、相手の成長や幸せを目的とした対話を目指します。したがって、何をもって幸せと考えるかが重要になります。これらのやり取りは、欲しかったゲームが手に入るとか、乗りたかった電車に乗れたとか、その程度の層にある感情とは質が違います。

　まずは、一人ひとりが社会と寄り添って生きている姿を想像します。そこには、リアリズムが必要です。支援者の甘ったれた妄想に対象者を付き合わせるわけには行かないからです。次に、そこにたどり着くためには、今何が必要なのかを考えます。目の前で繰り広げられる行動は、そのまま伸ばして行っていいものと、即座に修正すべきものとがあり、支援者はその仕分けができなければいけません。

　即座に修正すべき行動があったとして、その原因が何であるかについて、当てずっぽうではない、ある推測に基いて働きかける必要があります。それによって、良い変化をもたらすことができたとき、僕らは仕事をしたことになります。

　対象者に修正すべき行動がある場合、その原因に焦点を当てれば、多くの困難は『人づき合い』の拙さにあることに気づきます。対象者側は、その必要性と重要性をよく知ることが必要になります。次に、人づき合いが上手くいかない原因が何であるかを自覚して、上手く行くような自助努力をする必要があります。ただし、僕らが対象にしている知的障害や発達障害の人たちは、ことの前後より今やりたいことや、たまたま目や耳に入ったことに動かされてしまうために何等かの支援が必要になっているケースが多いのです。そこで支援者側は、障害を持つ当人以上に、その原因について高い精度で推

測できなければいけないということになります。

　よく、支援における枠組みを決める際に、二言目には「〇〇さんに訊いて
みて決めます」と言う支援者がいます。いわゆる丸投げというやつです。こ
のような支援者は、一見相手の権利を尊重しているように見えますが、実は
無責任なだけであることが多いようです。訊くのが悪いとは思いませんが、
それによって相手に責任を擦り付けているようではプロとして失格です。対
象者に訊く前にどうするべきかが概ね見えているようでなければ、支援者と
しての任務は果たせません。

　限られた時間の中で行う具体的なアプローチとして、どのような角度から
何をするべきかの見当をつけるためには、対象者の何がボトルネックになり、
就労自立の妨げになっているのかに気づけなければいけません。

　以下に人づき合いにおけるボトルネック発見の実際について、４ケースほ
ど事例を挙げて、考えてみたいと思います。

# 3 ● ボトルネックの発見①（人づき合い・発信編）

　世の中にいる人たちを、極めて大雑把に理解する方法がさまざまあります。
その中の一つに、「能動型」「受動型」という分け方があります。読んで字の
ごとくで、他者や社会に対して能動的に関わって行こうとする姿勢が強い者
を能動型と言い、その逆を受動型と言うようです。幼少の砌（みぎり）より受動型の指
示待ちタイプを貫いてきた人が僕らのところへ来ると、最初のうちは、歯が
ゆいくらいに『言われなければ何もしない人』なのです。SST でロールプ
レイングをシナリオ通りに繰り返しても、問題の中核は動きません。そのと
きにできたとしても、それはその場限りのゲーム感覚でしかなく、就労現場
に反映されるスキルにはなり得ません。

　しかし、実社会との経済的つながりを確保した職場を用意して、そこで責
任を負わせ、それを果たして報酬を得るという設定の中で、場面場面で何を

どうすればいいのかを分かりやすく教えて行くと、中核の部分が変化しだすことが多いものです。

　僕らが支援した晋太郎という青年は、受動型でした。関わりの始まりは、晋太郎が高校卒業後の進路について悩んでいた頃に、僕らの職場で実施した実習です。彼は、彼自身の意見で、見学後即座に僕らの職場で実習をすることに決めました。実習中における彼の様子は、参加型でありつつも静かに出番を待つような、そんな独特な風情でした。

　晋太郎は、特別支援教育の活用が難しかった時代や地域に生まれ育ちました。彼は、小中学校を普通学級で過ごしています。療育手帳を持つ彼は、友達から悪口を言われたり、友達の輪に上手く入れなかったりしていたこともありました。その反面、なぜか人望もあり、また、母さんの強力な支えもあり、何とか高校を卒業するところまではこぎ着けました。

　彼は、幼児期から高校時代まで、とにかく休むことなく学校に登校し続けました。その理由は、仲間と共に過ごす時間への憧れだったのではないかと、僕は思っています。しかし、能動的に社会と関わり、折り合っていく力を身につける教育を受ける機会については、絶対的に不足していました。これについては、単純に普通学級に入れるだけでは身につくものではありません。さまざまな仕掛けと、経験を意味づける働きかけが必要です。晋太郎の場合もそうで、経験を丁寧に意味づけるためのフォローがあってこそ、社会の中における自分のスタンスを構築できるのです。これについては、丁寧な特別支援教育が必要な分野だと思われます。多くの専門家や教師は、受動型の晋太郎について、その必要性を感じなかったようですが、母さんは、その必要性について、つねに考えていました。しかし、晋太郎が生まれ育った時代と地域においては、その実現が難しい状況だったようです。

　晋太郎は、僕らの職場における実習期間中に、彼にとって未知の領域であった『状況を見て、自分から積極的に仕事をもらいに行く』という課題に取り組みました。僕らは、晋太郎と過ごした短い実習期間の中で、その辺りが彼の就労自立という夢を達成する過程においてボトルネックになると評価

第3章 『支援の筋』〜ボトルネックの発見〜

（アセスメント）しました。そして彼は、ありのままの評価と今後の対策を実習担当者や僕からもらい、それを握りしめて学校へと帰りました。幼い頃から何かができるとニヤリと笑う癖のある彼は、そのときもニヤリとして帰ったものです。

　その後、晋太郎は高校卒業と同時に職業訓練校に入校しました。晋太郎は、先生方の言う通りに頑張りました。遅刻も早退も欠席もせずに、ひたすら訓練に通いました。

　彼が在籍したのは事務職コースだったようですが、内容はタイピングの練習とメール便仕分けの練習が主で、訓練生たちがみんなで壁に向かってタイピング（仕事ではない）をしているという有様です。タイピング練習では、時間毎に何文字打てたかをチェックされます。そして、打てた文字数が多い者は表彰されるので、ゲームが特技の晋太郎は、それなりに張り切りました。ただし、何を根拠にタイピング大会が繰り広げられていたのかについては、最後まで謎だったと言います。

　晋太郎と訓練校の共通目標が企業就労だとして、彼がそこで訓練していられる時間は1年間に限られています。その中で、やるべきことの優先順位は、一体どのような評価（アセスメント）から決められたのでしょうか。僕らが実習で実際に晋太郎と一緒に働いたとき、そこで評価し導き出された優先度上位課題は、『状況を見て、自分から積極的に仕事をもらいに行く』というものでした。それを考えると、訓練校の評価はまったく不思議だと言わざるを得ません。晋太郎について言えば、タイピングをはじめとするPC操作技能習得や、メール便仕分け技能が、就労を目指す訓練課題における優先順位上位に位置するということはあり得ないというのが、僕らの見解でした。事実、晋太郎が高校卒業と同時に就職できなかった理由は、PC操作やメール便の仕分けの技能が低かったからではありません。

　やがて訓練校も卒業間近となり、訓練校の支援による就職活動という時期になりました。しかし、その段階においても、僕には理解できないような就活支援が繰り広げられていました。まず、たくさんの求人票を渡されて、

55

「どれにしますか？」という感じで問われます。社会的責任のある仕事を継続的に（実は断片的にも）経験させることなく、データ入力練習とメール便仕分け練習ばかりやっているのだから、適職場がどういうところなのかなど分かるわけがありません。だから、「どれにしますか？」になってしまうのも無理はありません。しかし、無理もないで済まされる問題ではないでしょう。晋太郎はサボることもなく、その訓練校に通い続け、訓練を受け続けたのですから、そこで禄を食んでいる方たちに「それでもプロか？」と問いたくなります。採用面接には何度か行かせてもらったようですが、彼はイレギュラーの質問には答えられません。その場で質問に答えられず固まるので全て落ちたと言います。しかし、僕に言わせれば、質問に答えられずに固まるのは面接へ行く前から分かっていたことで、だったら他にも方法があるだろうということになります。それもこれも、ずれたことを1年間やり続け、意味のあるアセスメントをとってこなかった支援者側の責任でしょう。

晋太郎がそこでの訓練中に言われていたことは「分からないときに、質問ができない」ということでした。毎日、それができないことの繰り返しだったようです。ソーシャルスキルを身につけると言っても、いつも間違ったまま、あるいは有効な対処方法を教えられないままで終わってしまうため、本人が達成感を感じることはまったくと言っていいほどありませんでした。

職業訓練校での訓練期間中、晋太郎は家の中で、僕らと一緒に実習したあとに持ち帰った実習評価表と学校で良い点をとったときのテストを出してきて、それを読んでいたそうです。また、どこかで耳にしたのであろう楽し気なフレーズを独り言で呟くことが非常に多くなったと言います。上手く行かないので、どうしたら上手く行くのかと考えていたのでしょうか。あるいは、現実逃避していたのかもしれません。切ない話ですが、発信に課題のある晋太郎には他に為すすべがなかったのだと思います。

訓練校を卒業する間際のことです。どうも、訓練校の先生と晋太郎がやりとりをする中で、晋太郎の言い分が無視されることがあったようで、それに対して晋太郎は、ある行動に出ました。彼はその先生に対して、

56

第3章 『支援の筋』〜ボトルネックの発見〜

「イイカゲンにしろ〜！」

　と、大声で怒鳴り、先生方を困らせたそうです。母さんはショックを受けました。僕も、表立って晋太郎の行為を支持することはしません。むしろ、その場にいたら指導したに違いありません。しかし、母さんには悪いけれど、この話を聞いたとき、僕は思わず腹の中で、

（晋太郎、よくやった！）

　と言ってしまいました。僕は母さんに、

〈晋太郎の言い分が無視されたのって、そのときが初めてじゃないでしょ？〉

　と訊いたところ、何度もあったようだという答えをもらいました。堪忍袋の緒が切れると言いますが、そういう情況であったに違いありません。こういったことは、晋太郎が頻繁に起こすことではないのですが、忘れた頃に事件は起こるのだそうです。成育歴を母さんから聴けば解ることなのですが、幼児期から受信よりも発信が難しい子であった彼が、それに対する効果的な訓練をする機会と出会えずに来たのですから、ボトルネックは発信の部分にあると考えて、そこに焦点を当てたプログラムを組んで実施するべきです。しかし、この職業訓練校では、そういった聴き取りやアセスメントは皆無でした。

「イイカゲンにしろ〜！」事件について、僕が晋太郎を指導するとしたら、彼による彼自身の感情認知から、その処理や表現の技術に至るまでの各過程が未熟であると考えたうえで、長期に渡るプログラムとして訓練指導を考えると思います。晋太郎は自分の堪忍袋の緒がどこまで膨らんだら切れるのかを知らないし、堪忍袋が危険な状態にあるのかどうかについても気づけていないのかもしれません。そのような仮説を持って、晋太郎の堪忍袋問題についての傾向と対策を考えて、彼と共有して行くと思います。

「彼を知り己を知れば百戦殆うからず（孫子）」と言いますが、「己を知る」ことを教える難しさは、僕らがプロとして支援をして行く上で、しばしば中核的な課題となります。己を知らずして人づき合いはできません。それなりに人づき合いができなければ、社会との融合はできません。職業訓練校の先

生方は、タイピングやメール便の仕分けというカリキュラムをマニュアル通りに進めたのでしょうが、用意されたカリキュラムをこなすことだけに気持ちを奪われて、本来はそれを使って晋太郎の就労自立における最優先課題である『人づき合い』の仕方を教えなければいけないのだということに、気づいていなかったのではないでしょうか。

　職業訓練校の先生方が気づいていなかったと思われる大事なことをまとめれば、次のようになります。

> ✓晋太郎が就労自立していく上でのボトルネックは、上手く発信する力の弱さである。
>
> ✓タイピング練習とメール便仕分け練習という、訓練校の標準として用意されている練習課題は、最優先課題（ボトルネック）にアプローチすることを目的にしたものではない。少なくとも、そのようには機能していなかったことは事実である。
>
> ✓訓練校で行われていたメール便仕分けなどのワークサンプル的な疑似仕事は、社会的責任が発生しない作業で切実感もない。本人が発信について必死になる要素はない。晋太郎の現状を考えたとき、これは極めて不適切なネタである。
>
> ✓このような訓練校のカリキュラムは、受け入れる対象者の顔や姿を見る前から用意されている。先生方は、そのカリキュラムとやらを、そのまま何も考えずに実施し、それができない晋太郎をできない人として仕分けしただけである。

　さて、その訓練校を卒業し、僕らと共に訓練を開始した晋太郎は、毎朝チームで仕事の打合せをし、仕事の役割を振られ、作業に精を出します。彼は、終わったら次の仕事の指示を出すから報告するようにと担当から言われています。当該作業が終わったらスクッと立ち上がり、緊張を振り解く咳払いなどしながら、

第3章 『支援の筋』〜ボトルネックの発見〜

「……オワリマシタ」

と報告します。報告後は次の作業指示をもらい、ニヤリとしながら再び自分の持場にもどります。うれしくなり過ぎるとホクホク顔が過ぎて、

〈ほらほら、顔が緩んじゃっているよ！〉

などと担当に注意され、慌ててキリッとした顔を作ったりします。

（僕はチームの一員さ！）

という胸の張り方は、多くの可能性を感じさせます。どれもこれも、訓練校で1年間ダメ出しされ続け、彼が悩み抜いたことです。

解決の鍵は、顧客との契約を履行し続ける職場（訓練の場）にあります。そして、そこでの日常的な人づき合いにあります。この際だから、学生気分は徹底的に抜かなければいけません。よく言われるスキルやマナーは、それだけを取り上げて責任を負わないで済む練習の機会を拵えても、切実感を持って取り組むことにはならないので、実践で使えるものとして体得することができません。したがって、本人の自信にもつながりません。訓練の場とはいえ、甘えの許されない環境が、支援者にも、晋太郎にも必要なのだと思います。

思春期以降に社会人としての人づき合いを覚えるには、支援を受けつつ社会的な責任のある職場で仕事に従事してみるのが一番だと思います。分からないことを上司や先輩のところへ訊きに行ったり、任された作業が終わったら報告して次の指示をもらいに行ったりということが、その人なりにできるようになってくると、所属集団における自分の役割意識が高まり、一端の社会人としての風情が出てきます。早い人は1週間から2週間で、遅い人でも1ヶ月〜2ヶ月でその効果は表れてきます。

私とあなたの間におけるやりとりができ、多少浮世の義理で付き合っている風であっても、集団への参加が可能になっている人であれば、お金になる仕事をすることで社会の中に生産者としてそれなりの立場を獲得できます。その場が職場という機能集団であれば、共通の目標や目的がはっきりしており、そこでの動き方は比較的分かりやすいものです。そういった環境下で、

59

社会の役に立っているのを感じながら、はっきりとした指示系統の中で社会人としての状況判断や振舞いを体得して行くというのが理想です。そういった経験が、自己有用感や自尊心の獲得に寄与して行きます。

　公的機関である職業訓練校のカリキュラムは、しばしば民間の就労移行支援事業所なども真似をしたがるものです。しかし、僕らの場合は、今のところ真似ることを避けています。なぜなら、上記のような形態を真似しても対象者に何らメリットがないと考えるからです。なぜメリットがないと思うかというと、前述の晋太郎のような例がたくさんあり過ぎるからです。そして、僕たちが福祉事業として対象にする人たちの大半は、晋太郎のような困りかたをしている人たちだからです。

　晋太郎が１年間通った職業訓練校におけるカリキュラムは、知的障害や発達障害の人たちを対象にしたものだったと聞きます。僕らが対象にしている人たちも、同じような障害を持った人たちです。つまり、一施設として求められる任務に大きな違いはありません。にもかかわらず、僕らにおける晋太郎に対するアプローチは、彼が以前利用していた訓練校とは、見た目にも大きく違います。

　しばしば、僕らの職場を見学しに来た方から「斬新」という評価を頂きますが、僕自身は斬新なことをしていると思っていません。また、僕らが特段すごいことをしているとも思っていません。それどころか、日々対象者と泥臭い人づき合いを繰り返して目標へとにじり寄っているというのが実際の姿です。しかし、何の見立ても推測もなく関わり合っているわけではありません。そこに、個人個人に対する細かい見立てがあるのは事実です。

　ある人の努力が成果につながるためには、精度の高い見立てに沿った支援者側の『思い』と『洞察力』と『技術』が必要です。それらが具体的にどういうものなのかについては、４章以降にまとめて行きたいと思います。

第3章 『支援の筋』〜ボトルネックの発見〜

# 4 ● ボトルネックの発見②（人づき合い・望まぬ孤立編）

　よどむ言葉、たどたどしい言葉のほうが、ときに多くを伝える。そんなことを、ある国際手話通訳者が言っていました。まさに……。僕らがプロとして『コミュニケーション障害』を持つ人たちと関わっていると、この通訳者が言わんとしていることが俄かに具体性を帯びて浮かび上がってくる瞬間と出会うことがあります。

　幸次郎は、25年前に養護学校（現・特別支援学校）を卒業しました。先生による奮闘努力の甲斐あって、卒業と同時にある工場に勤めることができました。それから20年間、彼は毎日片道1時間30分という時間をかけ通勤し続けます。ほとんど休むことなく出勤し続けましたが、20年が経過した春の日に、退職しています。表向きには、腰を悪くしたための退職です。本人は就労の継続を望んでいましたが、職場との折り合いはつきませんでした。主治医も親も、幸次郎がその職場で働き続けることについて、良くは思っていませんでした。不思議な怪我が頻発したり、フラッシュバックのようなパニックが多くなったりしていたことを鑑みてのことだったのでしょう。おそらく、退職は冷静な判断だったのだと思います。しかし、本人は相変わらず会社で働きたいと言います。困った親子が、市役所のケースワーカーさんに相談をしたところ、ケースワーカーさんが親子に、僕らの支援を案内しました。すぐに、幸次郎親子は僕らのもとを訪れました。

　幸次郎の生育歴を母さんに聞くと、いろいろな場面で周囲とぶつかりながら、この日までを生きて来たということが分かります。幸次郎は、初めて経験する選択肢や、ファジーな状況に遭遇すると、なんともすわりが悪く落ち着かなくなります。口頭言語を使ったやりとりをする際の了解能力や説明能力は低く、おそらく会社で働いていたときも、相当に苦労しただろうと思われます。前職でも、一度決めたことに対する変更が難しく、しばしばそのことが原因で痛々しいトラブルが発生していたようでした。子ども時代は電車

61

が大好き。しかし、いつも親が買う切符の存在にはまったく気づかず、無賃乗車でたいそう遠くまで出かけてしまい、大騒動になったこともあります。そんな例は電車が絡まなくても数限りなくある人です。そういったことがあるたびに、親兄弟や先生が幸次郎に粘り強く教えて、養護学校卒業後の就職にまでたどり着いたようです。

　そんな前職を退職し、幸次郎が僕らと共に働くようになってから3ヶ月が経過しました。本人への見立てや評価も出揃ってきたタイミングで、僕らは母さんを交えて幸次郎と面談を行いました。その当時、幸次郎にはある疑惑が発生していました。それは、「臭う」ということです。幸次郎が不自然に汗臭いのです。あまり言われないことですが、臭いがもとで周囲と折り合えない人は意外と多く、しばしば頭の痛い問題になります。面談前に担当から母さんに問い合わせたところ、幸次郎には困った習慣があるということが分かりました。それは、特定のシャツに限って3日間は交換しないで着続けるという習慣でした。この手の問題には、できる限り早く横槍を入れるのが僕の流儀です。早速、面談の主題として論議することになりました。シャツを着替えないのは、長年に渡る習慣であり『こだわり』と言われるものです。こだわることの問題は、こだわりの対象に当人が拘束されることにあります。この不自由な状態が続くと、当人の意志に反して、その社会生活が危うくなることがあります。そのシャツと3日間一緒にいることによって、就労自立という幸次郎の大目標を手放すことになるとしたら、こんなバカバカしいことはありません。

　幸次郎は、僕らの支援範囲に入って来る前、身体を鍛えれば元の職場に再就職できると信じて、プールに通うなどの自主トレに励んでいました。前職の社員が別れ際に言った、よくあるリップサービスを真に受けた結果です。この自主トレが無駄だとは言いませんが、メインにすべきメニューではありません。僕から、これからはコーチ付トレーニング（僕らと一緒に働きながら、就労に向けての力をつけて行くこと）をメインにしようと、強力に説得され、自主トレ作戦を手放してコーチ付に切り替えました。それ以来、休むことなく

第3章 『支援の筋』〜ボトルネックの発見〜

出勤しています。放っておけばピントがズレますが、努力家だと形容しても嘘ではありません。僕は、

（この人は絶対に社会の役に立ちながら自己実現を果たす）

と確信しました。彼のいいところを彼と一緒に社会に向けてアピールしたいと思っている僕です。シャツ如きに負けてしまうのは、プロとして絶対に避けたい事態です。

僕らと幸次郎と母さんが面談室に集まりました。そのときの幸次郎は、3日間特定のシャツとお友達でい続けることで、崖っぷちに追い込まれることのバカバカしさに気づいていませんでした。木を見て森を見ず。古今東西、障害の有無に関わらず、人間が過ちを犯すときというのは大体こんなものです。加えて、幸次郎の場合は、電車が大好きでも切符の存在には気づかなかったというくらいシングルフォーカスなわけですから、これを補うには森と木の関係を認知させるような支援が必要になります。

まずは、僕のほうから幸次郎に切り出します。

〈自分では気づかないと思うけれど、幸次郎のところから臭いがする。汗臭いよ〉

「ニオイですか？」

予想通り……。ポカンとした幸次郎に自覚はありません。

〈そう。幸次郎と一緒に働いている人は、クサイと嫌になってしまう。君のことを、嫌な人だなぁと思ってしまうだろう。でも、毎日シャツを着替えれば、大丈夫〉

『シャツヲキガエル』という一文に、幸次郎は眉をしかめて難しい顔で返して来ます。その顔を母さんが困った顔で見ています。僕にとっては予想通りの展開です。だから僕は困りませんし、困った顔もしません。情況にもよるのですが、こういうときに困った顔をしたら、一気に悪いほうに展開して行きます。だから、あくまでもポーカーフェイスで通します。平然とした表情をしつつも、頭の中はフルに回転させます。

（幸次郎の固い思考を動かすキーワードはないか……）

しかし、こういうときに、あまり間を空け過ぎるのもよくありません。のんびり考えている暇はないのです。瞬時にキーワードを導き出すためには、普段から彼の指向性を掴んでいなければいけません。実際には、考える時間は１秒以内でしょう。

〈シャツを毎日替えないと、孤立しちゃうよ〉

キーワードは『孤立』です。幸次郎の表情が瞬時に変わりました。難しい顔から瞬時に参加型の顔に変化します。こういう時の表情変化というのは微妙であることが多く、見る側がボーっとしていると読み取れません。しかし、声色のほうは明らかに違いました。

「孤立はダメです！」

幸次郎が勢いある声とともに、前かがみになり迫って来ます。

〈そう。孤立はダメ。不幸になる。だから、シャツは毎日洗濯しよう〉

「毎日洗濯します」

幸次郎の眉がハの字になり、仕方ないな、という表情に変化します。毎日着替えないと孤立する。この結び付きについては、普通気がつきそうなものですが、幸次郎の場合、教えられない限り気づきません。しかし、教えられれば気づきます。

この面談以降、幸次郎は毎日着替えるという課題に挑戦し始めます。もちろん、幸次郎にとって『特定のシャツ』の引力に負けずに着替え続けることは、高い意識と努力が必要です。しかし、『孤立しない』ということで方向性が一致しているため、話は噛みあいやすくなっています。『共通の敵は、特定のシャツだ』ということになるわけです。また、着替えなかった場合に想定される落ち（結果）についても、すでに読めている状態です。落ちが分からなければ知らず知らずのうちに崖っぷちに立ってしまうけれども、落ちが分かれば崖っぷちを回避しようという意志が発動します。そして、そのために他者の意見も取り入れようとします。基本的には僕らと同じ方向での意志発動になるわけです。これだけでも、大幅に支援しやすくなります。

幸次郎の魅力は正直さにあります。ちょっと臭うな、というときに、今日

第3章 『支援の筋』〜ボトルネックの発見〜

は着替えてきたかと訊けば、一気に挙動不審モードになります。眼が合わせられなくなり、ウロウロしだします。嘘がつけない人なのです。そういう場合は、今一度事情を確認し、社会という土俵際から落ちてしまうことを避けるという意識を高めます。土俵が広ければいいのに、という夢想もありますが、彼が壮年期のうちに勝負を決めて行くのが僕たちの任務です。夢想にかまけて目の前にいる人の人生を忘れるような革命家気取りは許されません。

　誰にでも魔が差すことはあります。ある日、幸次郎は前日に着たシャツを着替えることなくやって来ました。そのまま帰すわけには行かないと考えた僕らは、孤立していることをイメージしたイラストを使って、本日のような所業がどういう結果をもたらすかについて彼に再度説明しました。彼が恐れるイメージと提示した絵が彼の脳内でつながった結果、かなりの衝撃と反応がありました。僕としては静かに説明したつもりでしたが、彼にとっては、本当にマズイと思ったようでした。彼は大いに焦り、それが別のフラッシュバックを誘発したようで、僕が現場から離れている数時間の間に大荒れとなりました。

　幸次郎は、僕が自傷や他害を認めない人間であることをよく知っています。彼は別室での来客対応を終えたばかりの僕を訪ねて来て、本日の惨状を大そう情けない顔で報告してきました。静かな口調でした。しかし、悲しいかな、彼の言語能力では、事情をまったく知らない僕に惨状をイメージさせることはできません。それでも、幸次郎が大変後悔しているということは伝わってきました。

「髙原さん……。頭を叩いてしまいました」
〈頭を叩いていたら、頭がおかしくなっちゃうぞ！〉
「はい」

　事情を知らない僕の言葉は、虚空に向けて発した声のように虚しく、それでも彼は、涙目で返事をします。幸次郎は何かを切り替えようとするかのように手に持っていたペットボトルのお茶を飲み干し、辛うじて明日に向かって帰宅しました。彼が帰宅したあとで、僕は現場から事情を聞き、先ほど対

65

面したしょぼくれ顔と幸次郎の拙い説明の謎は一気に解けました。

（もっと、それなりの対応ができたのではないか……）

と、今度は僕が後悔しました。同時に、翌日の幸次郎のことが気になります。

翌日、幸次郎は僕らが予想する範囲を遥かに超える答えを持ってきました。

「これ、作ってきましたから」

彼が颯爽と数枚の紙を差し出しました。見れば、それは冊子にしてまとめられた、幸次郎作のイラストによるソーシャルストーリーでした。題名が『殺人鬼計画』というギョッとするものだったのですが、内容はいたってまともです。筋としては、「気持ちを高ぶらせて自他に暴力をふるっていると、殺人鬼のようになってしまうから、そういうことは止める」という、幸次郎の決意表明でした。最後に『孤立が殺人鬼に』という小見出しがついた、数行の文章が添えられていました。

　・暴力は良くないことです。

　・子供みたいにしないことです。

　・ガマンをすることです。

　・言葉使いを丁寧にします。（㊟『言葉遣い』の間違い）

などと列記されています。これを読むと、『殺人鬼（にならないための）計画』であることが分かります。『殺人鬼』は幸次郎の比喩表現で、「殺人鬼＝社会からの孤立」であり、孤立者になってしまうことを恐れる彼の気持ちが存分に現れています。僕はニヤニヤしながらこれを読みつつ、この決意を具体的な成果に結びつけていくのがプロである僕らの仕事だと、決意を新たにしたものです。

いくら自閉症だと言っても、こういった経験と意味づけを何度か繰り返していくうちに、成長して行きます。シャツ着替えの問題だけではなく、その他の場面でも彼なりに柔軟な対応ができるようになってきます。フラッシュ

第3章 『支援の筋』〜ボトルネックの発見〜

バックであれ何であれ、法に触れるような行動化は、万難を排して避けなければいけません。しかし、行動化を抑えるだけではダメで、元凶についての整理はつける必要があります。拙くてもそれなりの言葉、それなりの絵で問題の整理をし、行動を統制して行きます。今回の幸次郎であれば、自作のソーシャルストーリーがそれに当たるものでした。そうやって、一枚一枚脱皮しながら成長して行くさまを見ると、幸次郎がとても真っ当な人に見えてきます。壮年期の彼が、離職を機会にますます成長していく姿を見ると、発達を保障するということの意味深さを肌で感じます。

　ところで、僕はこの『殺人鬼（にならないための）計画』について、家族の誰かが幸次郎にコーチして生み出されたものではないかと考えました。そして、母さんに電話で問い合わせてみました。すると、逆に母さんから、

「先生から言われて書いたんじゃないんですか？」

　と訊かれてしまいました。僕と母さんは、お互いにびっくりし、幸次郎という人物を捉え直すことになりました。幸次郎は勝手気ままなマイペースを好んでいる人ではなく、そこから脱出しようとしてもがいている、一人の社会的人間だという捉え直しです。誰かにそれを応援してくれと言えるわけでもない彼ですが、僕には、幸次郎が全身でそのことを訴えかけて来ているように感じられます。

　もう一つ笑えることがありました。この『殺人鬼（にならないための）計画』は、愛嬌のある漫画で表現されています。人物の絵が○と棒線の組合せ（通称棒人間）で構成されているその漫画は、どこかで見たことのあるものでした。記憶を手繰り寄せてみれば、僕と幸次郎が出会って間もない頃に面談をした際、僕が彼に「仕事をするときに自己判断で動かない」「上司の指示をもらってから動く」ということを理解してもらおうと、四苦八苦して即興で下手な漫画を描きながら説明したことがありました。そのときの絵にそっくりだったのです。

　もちろん、幸次郎の絵は僕のそれよりも情味があり、一枚上を行っていたことは言うまでもありません。

67

# 5 ● ボトルネックの発見③（人づき合い・情況理解編）

　自閉症という概念範囲にいる人たちの特徴としてよく言われることに、「融通がきかない」「こだわりが強い」というのがあります。昨今、就労支援にあたる側で「こだわりを生かせる職場へのマッチング」など、生かすという角度で取り上げられることも多いのですが、実際の支援においては、こだわりが職場定着の障害になってしまうことのほうが多いのではないでしょうか。

　数年前、当時40才のタケローは、都内他区の就労支援機関から紹介されて僕らの支援範囲に入って来ました。タケローは働き者の青年です。自閉症＋知的障害がありますが、中卒後に務めた会社で15年働き、その後、特例子会社で10年働きました。ところが、どちらの職場も、実質的にはクビになっています。その後、自分でフリーペーパーを手繰って見つけた組み立て作業のバイトに応募しましたが、面接で不採用となりショックを受けています。こう言っちゃ失礼ですが、面接で採用されるタイプじゃありません。そんなこんなで、傷心モードの彼は、僕らの事業所を訪れました。

　タケローは小学校に入る前から療育訓練を受けてきました。40年近く前のことですから、その時代に幼児期から訓練を受けられたということはラッキーなことですが、逆に考えれば、それだけ障害が厳しかったということでもあります。当時は、「自閉症スペクトラム症」なんて長ったらしい名前はなかった時代です。特別支援教育も受けることができない状態でした。そんな中で、タケローと関わり合いながら育てて来たご両親は、間違いなく表彰状ものです。タケローも、両親には感謝の念を抱いているようでした。

　そんな彼が会社をクビになった理由は、職場内におけるこだわりです。例えば、次のようなことがありました。

✓ 職場のカレンダーに、頼まれてもいないのに予定を書き込む。それが止まらない。

第3章 『支援の筋』〜ボトルネックの発見〜

✓ 自分の水筒に定期的に水を補充する際に、特定の店へ行ってしまう。店には迷惑がかかっている。

✓ 最初に言われた作業手順に変更が加わると、最初のやり方を強引に押し進める。組み立て作業中の製品を叩きつけて壊してしまう。

✓ それらのこだわりを止められると、パニックを起こして外へ飛び出す。そして、通行人に迷惑をかける。

✓ 職場の社員さんたちに、悪口雑言をあびせかける。

　僕がタケローと初めて会ったとき、当然、上記の話にも触れました。僕は、そのときの真面目なさそうな彼の表情から察して、彼は「パニックを起こして破壊的な行動に出てはいけない」ということを理解していると考えました。きっと、タケローはとても後悔しているのです。でも、その経験を生かせずにいます。どこか納得していないような感じもしました。もうひとしきり、情況の理解を促す説明が必要な気がしました。

　僕の書いた初見の面談メモには、こう記録されています。

　『おそらく、継時処理優位。ワーキングメモリーは低めか？　手続き記憶やエピソード記憶、機械的な記憶力は高そう。保続傾向あり。言語能力や概念化は高くなさそうだが、象徴化して考えることは、ある程度可能な感じ。したがって、前職で問題となったパターンへの固執も、アプローチの仕方次第では柔軟な対応ができるようになり得たかもしれない。彼なりにいろいろと考えて納得して行きたいのかもしれないが、それが許される環境ではなかったようだ』

　専門用語はさておき、どうやら僕は、タケローの能力を鑑みて「彼に分かるような情況説明をするべきだ」と言いたかったようです。それによって「タケローは、こだわることなく柔軟に状況に対応することもできるはずだ」と言いたかったのでしょう。

　いろいろと情報収集して行くと、前職においては、タケローのこだわりによって業務上支障が出た場合、声の大きな職員がガツンと怒ることで彼を諦

69

めさせるという形をとっていたようでした。しかし、結局職場は彼を制御しきれず、逆に彼は悪口雑言の限りを尽くし、その範囲はさらに広がり、タケローは部外者にまで迷惑をかけるようになってしまい、最後にはクビになっています。窮鼠猫を噛むとはこのことです。

　また、この時期、易興奮性が目立ってきたということで、精神科から薬を出してもらって飲むようになっています。

　ガツンと怒る対応の是非は別にして、タケローの納得やそれに基づく落ち着きや行動の変化が得られなかったのは事実です。一体、何が悪かったのでしょうか。

　僕らの支援は実際の職場内で行われます。訓練の場であるとはいえ、実際の職場であり、顧客との約束を守るために、皆が真剣に自分たちの仕事に取り組んでいます。しかし、昼食後のお昼休みはリラックスタイムです。実は、この時間は自閉症の人たちにとって、しくじりやすい時間なのです。なにせ、仕事と違って明確な指示がありません。タケローの場合も同じです。

　そんな昼休み時間に、問題の『こだわり』について、僕が対応したときの記録が残っています。

　タケローが利用を開始して間もない頃のことでした。昼食後、タケローは、やおらスナック菓子を鞄から取り出して、ニコニコ笑顔でバリバリと食べ始めました。菓子の種類はというと、ポテトチップスからチョコレート菓子まで、バラエティーに富んだものを用意してきます。もちろん、その場でそんなものを食している人は、彼以外にはいません。加えて、身体が資本の僕たちにとっては、健康面から考えても問題ありです。

　職員も、同僚の訓練生も、新人君の奇行？　に対して異論を唱えません。昼休みだし、自分で持ってきたのだし……。生活パターンへのこだわりなのだろうな、という見方をしています。情況説明も議論もなく、時間と場所だけ限定して様子を見ていました。何か、さわらぬ神に祟りなし的な雰囲気が感じられました。

　僕は、こういう雰囲気が好きではありません。なぜかと言うと、雰囲気を

第3章 『支援の筋』〜ボトルネックの発見〜

作り出す元になっている本人が『蚊帳の外』になっているからです。一番の当事者なのに蚊帳の外だとは、何とも気持ちの悪い話です。周りだって、いつまでも気持ち悪い状態での我慢は続きません。周囲と彼が、情況を分かち合っているのならともかく、そういうプロセスもありません。そんな状態が2週間ほど続き、彼は今、間違いなく浮き始めています。しかも、知らず知らずのうちにそうなっているのです。

　聞くは一時の恥、聞かぬは一生の恥。その場を共有する者同士です。タケローにも情況を聞いてもらい、知ってもらう必要があります。僕は、その努力をしたほうがいいと判断します。

　以下〈髙原〉と「タケロー」の対話です。

〈君、太っているよ。お腹の周りに、余分な肉が随分付いている〉

（キョトンとしているタケロー）

〈それなのに、弁当のあとにスナック菓子を食べている。このままじゃ、病気になってしまう。就職どころじゃないかもね……〉

（就職どころじゃないと言われ、ギョッとするタケロー）

〈就職したいなら、職場でのスナック菓子はやめよう〉

（大胆な？　提案に動揺しだすタケロー）

〈それから、周りの人を見てごらん。誰もこの時間にスナック菓子なんて食べていない。君だけだ〉

（それは初めて気づいた、マズイ、という風情で慌てだし、声をあげるタケロー）

「（スナック菓子を指さし）デザートです！」

〈それはデザートじゃない。スナック菓子〉

「昨日まで良かったのに、急にダメになっちゃった。急に厳しくなっちゃった。レベルアップしちゃった」

　スナック菓子デザート論を却下され、大慌てでいろいろと面白いことを言い出します。矢継ぎ早の応答は、撃退モードです。しかし、僕も一応プロの端くれ。ここで撃退されるわけには行きません。すかさず情況説明を入れま

71

す。

〈周りを見てごらん。誰かスナック菓子食べている人、いる？〉

「いません↓」

　一目瞭然です。しかし、食い下がるタケロー。

「急に禁止になっちゃった！」

『急に』は、やりとりをはぐらかすためによく使われる言葉です。冒頭にこれを付けると相手がひるむと学習して来ている人は多いのです。僕は慣れているので、これには反応しません。

〈禁止じゃない。自律するんだ。周りを観て、自分で決めて自分で守る。昼休みに、職場で一人だけスナック菓子を食べていて、変な人だなぁと思われている。菓子は、家に帰ってから少し食べるのがいいんじゃない？〉

「家に帰ると、すぐに夕食なんです！」

〈（そんなはずはないと思いつつ）じゃあ、休みの日のおやつにしたらどう？〉

「強引に食べちゃった……。明日から、お菓子持ってこない。お菓子は、土日に、家で食べる」

　と、少し後悔しつつ、折り合いをつける。タケロー。

〈そう。禁止じゃなくてレベルアップだよ。家で食べるときは、母さんと相談してね〉

　と、やりとりは締めくくられました。

　翌朝、僕はタケローに、尋ねました。

〈今日からは、レベルアップして行けそうかな？〉

「お菓子は家に置いてきた！」

　と、すっきりした誇らしげな顔で答えます。さらに、タケローは、

「みんな食べていないのに、僕だけ食べていたら、申し訳ないから」

　と付け加えてニヤリとしました。僕もニヤリとして、

〈エライ！　さすが！　それが大人の判断だよな！〉

　と、！マーク連発で高評価を返しました。タケローも、まんざらでもないという顔です。

第3章　『支援の筋』〜ボトルネックの発見〜

　ここまで来てしまえば、この件は安心です。本人も知らぬ間に浮いてしまうことなく昼休みの時間を安心して過ごせます。

　ポイントは、こだわりの修正が本人の誇りにつながっていることです。優しく諭しても、ガツンと指導を入れても、どういう行動変容があろうとも、結果的にこれがなければ失敗です。本人の中に定着しません。

　実際、前職（特例子会社）でのタケローの態度は、ある社員（声の大きな指導員）の前では従ったけれど、他の社員の話は一切聞かず、逆に罵詈雑言を浴びせかけました。クビになったのは、確かに彼の目に余る所行が直接の原因です。が、そこに追い込んでしまった周囲にも問題はあるはずです。

　この、相互不信関係を解決するには、タケローの事情に精通した外交マンのような存在が必要になります。具体的には、タケローの知・情・意に接近できる人が必要です。

　僕の場合、ざっくばらんにタケローと話してはいるけれど、実際の付き合いでは、ファーストコンタクトで得た印象をフル活用しています。もし、僕のタケローへの洞察が外れていたら、前職のときと同じような展開になっただろうと思います。

　その昔、僕が駆出しだった頃、大先輩から、

「お前には洞察というものがない。相手がどう思い感じているのか、頭が痛くなるほど考えろ」

　と叱られたものです。

　今思えば、そうやって散々叱られてきたから、タケローと付き合えるようになったのかもしれません。

# 6 ● ボトルネックの発見④（人づき合い・生活特徴編）

　僕がプロとして支援に携わるとき、できるだけ早い時期に、対象者の成育歴を確認するようにしています。成育歴を大きな流れとして捉えることは、

その人を理解するときの縦糸になります。また、横糸としては、年齢ごとの輪切りにし、その時々で起こっていることを分析します。その際には、生物学的な原因を必ず考えます。これは、人間が生物である以上、必ず関与するところであり、すべてに影響することですから、無視して支援するということは在り得ないことだと思います。現在の状態を作った原因はさまざまですが、発端としての違いというものを無視した支援はできません。この違いが根底にあるため、経験から学び、実用的な形で深まったり広がったりするという展開が、そのままでは期待しにくいのです。

　当人にある生物学的な違いのうち、生活に影響しやすいものを突破して行くためには、手間暇かけた工夫が必要です。当人に経験とその意味づけが必要なタイミングは、当人が社会や人と関わり合う局面にあります。事件は現場で起こっているのですから、「どこで」「誰と」「どうやって」ということが、平均的な者よりも重要になってくることは言うまでもありません。

　縦糸と横糸を重ね、立体的にその人の様相を浮かび上がらせ、その成り立ちを捉えて行きます。経験と知識とを総動員してその人の側に立とうとしますが、それでも『側に立つ』ことの難しさを思い知らされることが多々あります。

　事実は小説よりも奇なりとはよく言ったものです。発達障害を持つ人たちへの支援を行っていると『優秀な成績と学歴を持ってエリートコースを進んでいた青年が、あるときから一気に転落する』というようなストーリー途上にいる人と出会うことが珍しくありません。こういう人の周辺には、

「これほどまでに〇〇ができるのに、なぜこんなこともできないのか？」

　という疑問の声が付きまといます。大抵、当人も周囲もその原因に気づいていませんが、これは運命のいたずらではなく、なるべくしてなっていることのほうが多いと思います。

　この疑問に挑むときに必要なのは、知識というよりも、可変的な視座であり、広い視野であり、自在な視点です。知識については、書物やインターネットに溢れている時代です。知的障害や発達障害が生物学的な視点で研究さ

第3章 『支援の筋』〜ボトルネックの発見〜

れており、多くの情報が得られます。しかし、その情報を使うのが人である以上、その価値を高めるのも害にするのも使い手次第ということになります。

「これほどまでに○○ができるのに、なぜこんなこともできないのか？」

という謎に対して、知識を集めた挙句にそれに振り回され、滅茶苦茶にしてしまう愚行を、障害を持つ当人も、支援に当たる人も、共に冒す可能性があります。

僕らが支援の対象とする人たちの中には、部分と全体との関係や物事の因果関係をつかむことが著しく苦手な一群がいます。今やっていることがどういう結果につながるのか、または、ある結果を目指すとき、今の段階では何をすればいいのかについて、多くの人たちが混乱し、道を誤ります。また、もう一つ多い傾向としては、見えたり聞こえたり感じたりといった感覚器から入った情報との距離感がなく、したがって、キャッチしてしまった情報に飲込まれ、翻弄されることが多いということです。

『馬の耳に念仏』だったらさほど大きな障害にはなりません。その念仏を解りやすく翻訳することで、これが配慮として成立するからです。ところが、ここで取り上げていることは、それとは質的に違います。無理矢理のたとえを挙げるとするならば、喉が渇いたので水を飲もうとしたら、コップの大きさがダム位であったとか、水道の蛇口とそこから出てくる水の圧や量が消防車からの放水と同じだったというような感じでしょうか。これでは水を飲もうとしても、水に飲込まれてしまう訳です。酒飲みは酒に溺れますが、僕らが支援する対象者の中には、刺激や情報に溺れてしまう人がたくさんいます。そういう人たちにとって、現代は生きにくい世の中だと思います。

ある日、陽太という青年が僕らの事業所を訪れました。どうやら、陽太の主治医による助言があったようでした。陽太が僕らの前に現れたとき、その第一印象は一様に「礼儀正しく腰の低い好青年」というものでした。

（この人の何が問題なのか？）

と誰もが思う、卒がないファーストコンタクトなのです。しかし、これまでの人生は波乱万丈です。陽太は、その様子を隠すこともなく話します。

陽太が僕らの支援範囲に入ったと同時に、僕は陽太の母さんに訊いて、生まれた頃からの情報をもらいました。聴いてみて驚いたのは、保育園時代の陽太と今の彼は、そう変わらないということでした。宗教家の家族環境で育った彼は、表面的な抑制能力を良く発達させた反面、非常に不安の強い子だったと言います。本来多動な子だったのですが、不安を身体動作の多動という形では現さなかったと言います。むしろ逆で、自己抑制が強く、つねにじっと座っている子でした。その様子があまりにもキチッとし過ぎていて、小学校に上がったあとは大変だろうと母さんを心配させました。

　例えば、保育園は幼児の集団ですから、順番待ちのルールを守らず、横入りをする子が周囲に必ずいます。すると、陽太は、その場ではおくびにも出さずひたすら我慢していますが、そのことが気になってしまい、家に帰ってからの様子がおかしくなるのです。どうも顔色が優れないと心配した母さんが本人に訊くと、日中の横入り事件が本人の口から報告されるといった具合です。その場においては過剰同調していますが、決して納得しているわけではなく、折り合いもついていません。だから悩んだ挙句に具合悪くなってしまうのです。

　陽太の移り気は特徴的で、判で押したように転職貧乏を繰り返しています。平均的転職貧乏の典型は、不満があって辞めるのですが、彼の場合は不安があって辞めてしまいます。陽太の場合、表面的には分からないですが、平均的な人なら受け流してしまうような場面において強い不安を覚えており、それが失敗の原因になっています。これは、母さんから聴いた成育歴でも確認されているように、幼児期から続く彼の生活特徴と言えます。

　陽太が大学を出てから40才の今に至るまで、同じ職場にいた期間は最大5年です。多くは1～2年足らずで離職しています。数多くの資格を持ち、ヨーロッパへ留学して現地で就職活動をした経験もあります。まさにワールドワイドに活動してきた陽太ですが、その割には積みあがったものが乏しすぎる印象です。同じ時間をかけて、地元で地味に働いた人が結果的に得る豊かさのほうが、質量ともに上回るであろうことは考えなくても分かります。

第3章 『支援の筋』～ボトルネックの発見～

　もう一つの生活特徴は、選択肢が現れたときの混乱と破綻です。陽太は、その眼や耳から入って来た情報群を頭の中に並べておき、比較検討しながら、長い目でみたときに当人にとって有益な情報を選択し、それらを組合せてプランニングするということを自動的に最適処理する力が極端に弱く、そのことが判断を誤らせます。加えて、誤った判断をしている自分に気づく自己評価機能も不正確で、一部に高い能力があるにも関わらず、異彩を放つというよりは世間離れした破綻行動に至ってしまいます。木を見て森を見ず、森を見て木を見ず、本人の想う山頂が雲の彼方に見えているのに、彼の選ぶルートはそこへとつながらないものばかりです。良き隣人がガイドとしてついてくれれば良いのでしょうが、あまりにも IQ が高すぎ、これまで、そういった選択肢を提示してくれる人は陽太の周辺に現れませんでした。

　陽太が前職で失敗した理由は、ある特定の先輩社員のことを許せなかったためでした。陽太が最初に勤めたのは非常に堅い職場でした。そのため、社会人というものの概念も堅くて狭いものでした。その概念に合わない人など、民間企業の中に入ればいくらでもいます。郷に入っては郷に従うのが『社会適応』の基本ですが、陽太の概念が固すぎて広がらず、適応できません。相手に配慮が足りないのかというと、一般的な意味での配慮はしっかりとされており、陽太のターゲットになった先輩社員は、極めて温厚で物腰の和らかい方でした。

　陽太は、相手に腹を立てだすと、それで頭がいっぱいになり、対象を攻撃する以外の手立てを考えられなくなります。これは、最初に思ったことや入って来た情報に脳のリソースを100％使ってしまうために起こって来るようです。別の角度から情報を得たうえで考えてみたり、比較検討してみたりするという余地が当人の脳に残っていないため、偏った判断と処置をしてしまいます。そういったときに必要なのは、隣人（支援者）による情況説明です。

　これは、かなり論理的な作業であり、感情の整理ではなく情報の整理であると言えます。しかし、この辺りを勘違いしている支援者は多く、僕はよく困ります。前職で陽太がトラブルになったときもそうでした。陽太は、発達

77

障害者専門の転職エージェンシーを使って就職したのですが、そこが就職先に対して行った助言は、あまりにもお粗末なものでした。

　その内容は、〈高圧的に話さないでください〉程度のものであり、これは本人の職場定着に必要な情報の中核ではありません。しかし、職場側にしてみれば、お金を支払って契約した『発達障害者専門転職エージェンシー』です。そこの霊験あらたかな専門家？　による助言ですから、これを彼らなりに解釈して実行します。その結果、受け入れ職場の先輩たちによって、オブラートに包まれた分かりにくい態度の接し方が努力して編み出され、実行に移されます。それは、陽太にとっては極めて分かりにくく、不安や怒りを煽るような結果すら生み出します。

　かのエージェンシーが、何をもって『発達障害転職支援の専門家』を標榜するのかは分かりませんが、こんなものは迷惑以外の何物でもありません。転職エージェンシー曰く「あなたの強みや特性を活かした働き方ができるようサポートします」なのですが、こんな漠然とした標語は誰にでも掲げられます。しかし、具体的に何をやっているのかというと、陽太を担当したエージェントのレベルがその実態です。机上の論に経験は勝ると言いますが、経験はおろか机上の論すらない『専門家擬き』が跋扈する障害者支援業界です。しかし、僕らはそれを繰り返すわけには行きません。

　僕は陽太に、改めてそれらの過去を棚卸しして、どういうメカニズムでそれが起って来たのかを整理しました。これは、ひたすら論理的な作業で、感情の整理ではありません。感情は論理的な理解が進むと、やがて落ち着いてきます。

　陽太の特性のうち、大きな困難は、刺激に対する過剰反応にあります。情報をキャッチするというよりは、情報に振り回されてきた彼です。支援の初期に誰もが感じる不安は、過敏で過剰な反応を加速させます。それがその場で表面化してくれれば即座に対応できるのですが、幼少の砌から表層的なソーシャルスキルを身につけて来た彼の行動は、表面的自己抑制が効いており、素人目には彼の慌てぶりが分かりません。

第3章　『支援の筋』〜ボトルネックの発見〜

　最近流行のSSTも同じですが、スキルそのものは、それ単体で観た場合、その人を窮地に追いやってしまう可能性すらあります。陽太の場合は、まさにそのケースでした。そのため僕は、僕らと違った立場で彼をサポートする人たちとの間に情報網を張り巡らせて、彼の胸のうちを伺うようにしました。

　案の定、訓練開始直後の1週間において、陽太が、超多動モードになる兆しを確認できました。これは、表面的な穏やかさだけを見ていたらまったく分かりません。しかし、ものすごい勢いで方々にメールをとばしまくったり、この大変な時期に習い事を始めようとしてみたりと、診断名として頂いているADHDの名に恥じない？　様相でした。また、脳のリソースを使い切るかのようなフルスロットルぶりに、帰宅後の陽太は燃え尽きたような姿だったと言います。これも、僕らの現場で見せるポーカーフェイスぶりからは想像できない姿です。しかし、それでも想像して、兆しで対処していかなければ、信頼関係構築の第一歩は築けません。

　僕が兆しを捉えられるのは、情報網から入って来る情報があるからというだけではなく、僕の側にこういったことへの経験があり、それらの情報に対処できる構えがあるからです。その構えは、僕が陽太における反応の型を知っていることで可能になります。先述したように、陽太には、保育園時代に順番待ちで横入りしてきた友達のことを気にして具合が悪くなってしまうというような情緒反応の型がありました。その型は、今でも同じなのです。もちろん、40才になる陽太が順番の横入り程度で具合悪くなることはありません。しかし、未知のこととぶつかったときには、ほぼ型通りの反応を示します。僕の側にそういう推測があるから、先手が打てるのです。逆に、過去の情報から何も学ばずに、「始まったばかりですから、様子を観ましょう」などと言っている支援者は、最初の大事な時期における対応がすべて後手に回ってしまい、支援の第一歩すら踏み出すことができないでしょう。

　支援の定石として、まずは対象者個々にある生活上の特徴を見抜くことが肝要になります。生活特徴が掴めれば、本人が失敗に至る前に気づき、働きかけることが可能になってきます。百発百中というわけには行きませんが、

79

結構な確率で効果的な先手を打てるようになります。逆に、生活特徴を見つけるのが下手な支援者は、いつも後手に回り、後片付けに翻弄されます。これでは支援を受ける側もたまったものではありません。

　陽太が僕らの支援現場に入り、最初の１週間は情報戦でした。表には出ない陽太の疲労と不安を如何にして見抜き、素早く対処するかで、第一歩目を踏み出し、第１段階の軌道に乗れるかどうかが決まってきます。そんな見えない修羅場を越えたあと、第２週目初日の朝、僕が陽太に声をかけると、彼は地獄に仏といった表情で僕にこう言いました。

「よかった。週末は、不安で不安でしょうがなかったんです。ありがとうございます」

〈だよねぇ。大丈夫。分かっていますよ〉

「はい。１日１日を大切にして行きたいと思っています」

　僕は一応余裕の表情を作って答えましたが、実際は間一髪でした。

　僕が辛うじて先手を打った日、どうやら僕は、それを持って陽太の１次試験に合格したようでした。その後、陽太の第１歩は、２歩、３歩、と続きました。彼は、人生の第２幕をスタートさせることができたようです。そこから先は、いずれ新たな職場へと就職していく陽太のために、陽太自身の傾向と対策を伝授していく毎日になります。

　発達に障害があっても、必要な経験を積めるように設定し、そこから学べるようにタイミングよく支援を続けていれば、その人の全体像は豊かになって行くものです。陽太が未知のことに直面したとき、その反応の型は幼児期とそう変わりませんが、彼が余裕を持って対処できる範囲は少しずつ広がって行きます。そういう意味で、発達障害者は発達し続けます。

　『祈るように』という表現がありますが、僕らの仕事には、そんなところが結構あります。僕は、母さんから教えてもらった幼児期の陽太と今後の彼を想像しながら、

（このまま、少しずつ力をつけて行って欲しい……）

　と想い続けています。

第3章 『支援の筋』〜ボトルネックの発見〜

## イラストカード その③ 基本的労働習慣編

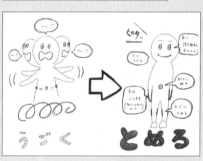

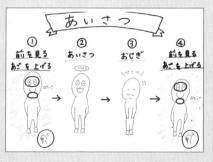

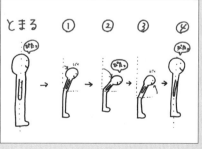

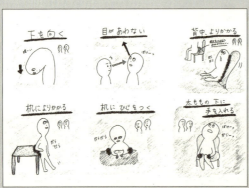

# 第4章

## 青年期に向けて

# 1 ● キャリア教育

　15年くらい前からでしょうか。キャリア教育という言葉をよく耳にするようになりました。調べてみると、国内では、学校の教育活動が「生きること」「働くこと」と疎遠になっていることを問題視した文部科学省が提唱しはじめた概念のようです。カタカナになっているから新しく感じるのですが、平たく言えば「自分なりの労働観や職業観を持てるような教育をしよう！」という意味です。

　平均的な発達を遂げていく子どもたちに対して言われ始めたキャリア教育という概念ですが、自分なりの労働観や職業観を持てるように支援することは、僕らが取り組む分野においては、特別新しい概念ではありません。僕が就職して、知的障害や発達障害のある人たちと働きだした頃から、つねづね考え続けていることです。また、知的障害者の就労自立という分野で、先駆的な仕事をして来た少数派の先人にとっては、一般的ではなくても当たり前のことでした。そして僕も、その薫陶を受けた世代の末尾に入る人間です。

　僕は、小学校低学年の頃、本気で畳屋さんになりたいと思っていました。その当時は、玄関先の道端で畳屋さんが畳のメンテナンス作業をしている姿をよく見かけたものです。僕は畳屋さんの姿を見かけると、そのそばを陣取って飽きもせず、その作業を見学していました。畳屋のおじさんは、節くれだった手で、文字通り額に汗して畳を仕上げていました。僕はそれを見て、お金を稼ぐという行為は貴いものだと理屈抜きに感じたものです。これが、僕の記憶にある最古の職業体験です。

　現代社会においては、子どもが成長し青年期を迎えるまでの間に、周囲に感化される形で労働観や職業観を得ることが難しくなっているように感じます。子どもたちが身近な職業に直接触れる機会は減り、大人が外でどんな仕事をしているのかは、ますます分かりにくくなっていきます。平均的な発達の子どもたちであっても、「働くこと」「生きること」「職業観」「労働観」と

いったキーワードについて、具体的なイメージを伴わせながら考えることが困難になってきたのでしょう。キャリア教育というカタカナ言葉が出て来た時代背景としては、そんな実態があるように感じます。加えて、障害を持って生まれてくると、素質的にも困難が伴います。本人側の要因で、経験したことへのフィードバックがかかりにくいからです。そのため、僕の先輩たちは、あえて意識的に職業観を持たせるような設定とアプローチで、就労自立支援に取り組んでいたのだと思います。

　先日、ある会議に出席させていただいた際のことです。その会議では、行政サイド、福祉現場、教育現場、労働局などの担当者から、現状の報告と先々の計画や見通しが発表されました。長時間に渡る会議でしたが、その中で、一服の清涼剤のような一コマがありました。ある青年が、作業所（就労継続支援Ｂ型）での実践的な訓練を経て企業就労を果たした経過を発表してくれたのです。彼は、その場で司会者から、

〈高機能自閉症って、どんな障害なんですか〉

　と訊かれ、

「うーん……、難しくて私もよく解らないんです」

　と苦笑いしていました。質問者の意図は、彼自身の困難を彼の口から説明してもらいたいという高度なものでした。苦笑いでかわした彼でしたが、「解らない」「難しい」ということが「分かっている」という意味において、彼は自身をよく知っています。その後も、司会者と彼とのやりとりは続きました。アドリブに弱い彼に、支援者は台本を用意することを提案したのでしょう。明らかに彼自身の言葉ではありますが、彼は彼自身で作成したと思われる台本から目を離すことなく発表を続けていました。しかし、ある部分についてだけは、台本から目を離し、正面を向いて、彼の身体に沁み込んでいる言葉を絞り出したかのように話していました。就職の動機についての件です。

「家計を助けたいと思って……」

　そんな話が、とつとつと語られます。彼の母さんは、アルバイトを掛け持

ちしながら彼ら兄弟を育てたと言います。彼は、その様子を少年時代からじっと観ていたのでしょう。現職に応募することを決断する際に、

「贅沢なことは言っていられないし、弟からもやってみろって言われたので……」

と、消去法的に決断した彼です。そこには生活者としての逞しさが、脈打っているのを感じます。僕は彼から、モラトリアムとは対極にあるリアリティを感じとりました。僕は、

（彼は、母さんが働きながら家庭を切り盛りしている姿に感化されたのかもしれない）

と想像しました。就労自立を確立させるために欠かせない『根の思想』というものがあるとするなら、彼はその思想をしっかりと持つに至っています。彼の話は続きます。

「作業所にいたときは、お昼に500円の弁当を買うなんて贅沢だと思っていました。でも、今はそれが買えるんです！」

働いて稼いでいるからこそ買える500円弁当です。その価値を知り尽くしている彼だということです。彼の職業観は、企業就労に耐えうるだけの堅牢さがあるに違いありません。先に紹介した糸賀一雄さんという大先輩は、「この子らに世の光を」ではなく「この子らを世の光に」だと言いました。彼の母さんが、そんなことを意識して子育てをしたとは思いません。もちろん、彼自身にも、そのような意図は微塵もありません。しかし、結果的に彼は「世の光」になっているところが素敵だと思います。

障害を持つ子どもが特別支援学校の高等部に入ると、親たちは先生方から、卒業後の進路について考えてくださいと言われるようになります。そのときに、ビックリされるお父さんお母さんもいらっしゃる反面、子どもが小学生の頃から、僕のような就労支援に携わっている者を訪ねて来て、将来に向けて何を身につけて行けばいいのかを探って行かれる方もいます。その時期が来て、慌てず落ち着いて対処できるようにしておくためには、概ねの現実的な将来像を持っておくことと、そこから逆算して今を考えることが必要にな

第4章　青年期に向けて

ります。

　ある子どもに対する教育や訓練のプログラムを考えるとき、ボトムアップの考え方とトップダウンの考え方があります。小中学校あたりまでは、ボトムアップの考え方でプログラムを考えるのが一般的でしょう。しかし、中学校も後半に入ると、身体は大人になり、興味の範囲も広がります。逆に、現実的にできることとできないことというものがはっきりしてきます。ある程度の年齢になっても相変わらず子ども気分のままでは、社会生活の切符をつかみ損ねることになります。年齢的に、そのタイミングで生産者として実社会に出てみなければ学び得ないことというのは、確かにあります。また、古今東西言われていることですが、働くことを通して得られるものは計り知れないほど大きなものです。生産者としての社会参加におけるタイミングということで言うならば、昔は中卒というケースもありましたが、昨今では、かなり特殊な事情がない限り、高卒や大卒の年齢ということになります。しかし、いくら成長がゆっくりだからと言っても、30歳を過ぎてから社会に出て社会人としての役割を獲得しようというのでは、体力的にも柔軟性という意味でも、わざわざハードルを上げてしまうことになります。学問や知識は、いくつになっても学べます。しかし、実社会での経験というものは、受け入れ側の事情との兼ね合いで設定されるものであるがゆえに、いくつになってもという訳には行きません。タイムリミットは確実にあるということです。そこを読み違えると、取り返しのつかないことになります。つねに意識しておいたほうがいいでしょう。

　再びキャリア教育について考えます。適切なタイミングで実社会に参加し、大人として生きて行くための学びを得るためには、将来のあるべき姿を想定して、そこからトップダウンで今やるべきことを考える必要性が出てきます。もし、そのときに参照する想定の将来像が非現実的なものだとしたら、すべては虚像へのアプローチに終わる可能性もあります。昨今、虚像を追いかけ続けて仙人のようになってしまった大人をよく見かけます。もちろん、僕らを訪ねてくる人たちの中にも見受けられます。青年期を前にして、どのよう

87

な将来像を想定するのかは個人の自由です。しかし、自由が責任を伴うものである以上、仙人のような大人を相手にする現実社会がなかったとしても、本人が責任を負わなければいけないのです。逆に、上述の青年を育てた母さんのように、アルバイトを掛け持ちしながら立派なキャリア教育をしている例も、たくさんあります。

　青年期が目前に迫って来たとき、ボトムアップ一辺倒で教育や子育てを考えて来た親は、意外と戸惑うものなのです。そんなときを想定した心の準備ということで、この章では、最終学歴になる学校を卒業するまでに身につけておきたいことについて、その考え方をまとめたいと思います。

# 2● 青年期の心構え　支える側へ

　ある子どもが、思春期以降に目覚しい精神的成長を遂げ、青年としての姿を浮かび上がらせることがあります。その場面が就労の場である場合、彼はそこでの仕事を通じて周囲と折り合いをつけ、必要とされる作業を覚え、協働することで成果を出し、社会の中に自分の役割を見出します。

　特別支援学校の高等部になると、作業学習に重きが置かれるようになることが多いと思います。作業学習や作業指導というと、そこで取り組んでいる作業を教えてもらっている姿をイメージしますが、作業を覚えるという技術指導の側面は方便であり、神髄は別のところにあります。その真髄こそが、少年時代から営々と積み重ねる教育や訓練の目的であるということを、親や教師や支援者はしっかりと押さえておかなければいけません。

　人が、少年から青年へとその姿を変貌させるとき、その前後で生じる実質的な変化は、その子なりに「支えられる側から、支える側の立場になる」ということだと思います。

　与えたり、支えたりしようと思う動機は、「持ちつ持たれつの関係」の中で生きているということへの気づきから出現してくるようです。支えたり支

えられたりしながら生きて行くことが社会人としての営みであり、支える側の役割を持つことに醍醐味を感じられるようになると、自立という目標は、いよいよ具体的な目的地になっていきます。

　ある会社の社長さんが、自社で働いている知的障害や発達障害を持つ若者たちについて、

「彼らは、支えられたいなんて思っていない。みんな、支えたいと思って働いています」

　と、力強く説明していたのを聞いたことがあります。僕は、そのとき、自己実現という四文字熟語がパッと頭にひらめきました。就労支援の現場で対象者の中にパラダイムシフトとでも呼びたくなるような成長を目の当たりにしたときに、しばしば強烈に感じる感動が思い起こされてきました。

「支えたい」と思って働くという境地に達するには、物事をある程度対象化して認識できるようになっていなければいけません。対人関係についてもそうです。私とあなたの関係を対象化したうえで、自分がどう動くべきかを考えなければ、社会人として建設的に人間関係を築いていくことはできないでしょう。自閉症スペクトラムの人たちの場合だと、知的障害がない場合であっても、自分ひとりで人間関係を対象化して観ることが難しく、それが原因でしばしば職場における人間関係をこわしてしまいます。加えて、知的障害がない場合は、周囲から求められるレベルが高くなるため、訓練が不十分だと、本人がさらに厳しい状況に追い込まれることになります。

　逆に、訓練を積み、ある程度他者から見たときの自分を想定したり、情況説明や指摘を受けたりしつつ自分の態度や姿勢を修正することに慣れている人は、社会と折り合う力がついていると言って差し支えないものです。

　対人関係上の成功と失敗を分けるものは、「こう来ればああ出る」式のスキルではありません。支えられる側にいた者が、自ら支える側に回ろうとする。その変化こそが真髄であり、教育や訓練における不動の目標になります。これ自体は、スキルとして教えられるものではなく、覚るものだと思います。

　支援者が具体的に教えられることを繰り返し教え、本人が訓練を積んでい

くと、本人が社会の中で、支える側に回ろうとする動機を持つことにつなが
ります。僕のような仕事をしていると、しばしば予期せぬ形でその変化を目
の当たりにします。

　療育手帳を持つ高校3年生の太郎が、僕らの職場で実習し始めて5日が経
過した日のことです。今まで仕事などしたことがなかった彼は、僕らの職場
に入り、担当者の工夫を凝らした応援を得ながら、ようやく生産性と呼べそ
うなものを発揮し始めました。その日、太郎は家に帰ってから母さんに、

「俺は、就職を目指すよ」

　と、唐突に宣言したそうです。きっと、働くというイメージが、仕事に取
り組む中で具体的になってきて、自信が出てきたのでしょう。母さんが言う
には、それまでの雲をつかむような雰囲気とは、明らかに違った様子を見せ
るようになりました。

　それからさらに3日が経過した日、帰宅後に太郎は、周囲の誰もが予想し
なかった行動をとりました。

「これ、食べて」

　ニコニコ顔の太郎は、手に持った袋を母さんに差し出しました。

　彼は、その日の実習を終えて帰る途中、おみやげ（焼き鳥）を母さんと妹
に買って帰ったのです。太郎は、それ以前にこのような家族を思いやる行動
をとったことはなく、小さい頃からの様子を知る家族は、そのようなことを
太郎に期待したことすらありませんでした。焼き鳥を受け取った妹は、仰天
して目をまん丸くしました。もっと驚いたのは母さんです。母さんは彼から
の思いがけないプレゼントを受け取り、何とかお礼を言いましたが、それ以
上何のリアクションもとれず、そそくさとその場を離れました。そして、太
郎に気づかれないように号泣したものです。

（俺、働いているんだよ。これからは、大人になるんだよ。今まで、どうも
ありがとう）

　そんなメッセージが、その焼き鳥に込められていたのかどうか……。ただ、
ニコニコしている彼を外から見ているだけでは分かりません。しかし、知的

障害者は永遠に子どもであるという説に、身を持って異を唱えた太郎の行動を見て、

（太郎は就労自立を目指せる）

と、僕は思いました。

再び、第1章で紹介した糸賀一雄さんの話を挙げます。糸賀一雄さんは『発達保障』という概念を世に示しましたが、それを具体的に換言するならば、器質的な障害があっても、機能的な訓練を積むことで可能な限りハンデを埋め、働き暮らす力をその子なりに高めていくという営みを応援することこそが、「人格発達の権利保障」の土台になるということになるのではないでしょうか。

その土台の上に、「この子らが自ら輝く素材そのものであるから、いよいよみがきをかけて輝かそう」（糸賀一雄『福祉の思想』日本放送出版協会、1968年、177頁）という考えが出てくるのだと思います。目的・真髄は『人格発達』であり、技術指導は方便だということです。方便に凝り、真髄を見失うようなことがあってはなりません。

子どもの頃は、周囲に守ってもらいながら成長するという前提がありますが、青年期以降は、彼ら自身が社会の中に主体としての役割を持ち、支える側になるという大転換（パラダイムシフト）が起ります。これを応援し支えるのが、『就労支援』です。また、つまるところ、教育とはそこを目指すものなのではないでしょうか。

糸賀一雄さんという人は、子どもたちの人格発達に対する権利保障を可能ならしめるために、制度や体制や技術を整えろと言い残してこの世を去りました。そのうち、この本の中で僕が記せるのは、技術だろうと思います。技術とは、記述し、記録され、蓄積できるものだと言います。そして、技術は人の外に出て流通するものです。ただし、人が人を育てたり、有意義な人づき合いをしたりするための技術は、それを使うのが人である以上、運用上は技能としての側面も併せ持つことになります。これは、避けられないものだと思います。その点を考慮に入れながら、以下読み進めていただければと思います。

# 3 ● 折り合う力

　職業柄、小中学生の障害児を育てている母さんたちからの、将来についての質問や相談を聴く機会があります。どの親も、子どもが将来働いて自立していくために、今何ができるのかということを考えて、質問をされます。親である以上、このことを考えるのはごく普通のことだと思います。

　最近、「非認知能力」という言葉が登場して来て、幼児教育などで、その育成が注目されるようになりました。非認知能力が何を指すのかは、今一つよく分からないところもあるのですが、巷で言われていることを総合すると、大体次のようなことを指していると思われます。

　　・忍耐力
　　・自己抑制
　　・目標意識や意欲
　　・社会性
　　・敬意
　　・思いやり
　　・自尊心
　　・楽観性
　　・自信

　等々。とても範囲が広いですね。しかし、ここにリストアップされたものをざっと眺めてみると、障害の有無に関わらず、こういうところが発達すれば、すなわち人望のある人物になるわけで、世の中に必要とされるようになることも分かります。

　非認知能力という言葉が新しくても、それは流行の衣服と同じで、実は昔から、「徳育」という言葉で言い表されてきています。EQ〔emotional quotient〕などという概念もひと昔前に流行りました。EQ は、こころの知能指数などと言われています。社会的に成功する者の多くは、情動を調整する能力に長けているため、企業の採用や人材育成などの判断材料にもなっています。知的障害児の教育訓練という角度から言っても、僕などは、

「知育・徳育・体育のうち、徳育については障害児が健常児を凌駕し得る分野だ」

　と教えられたものですし、いまだにそう信じています。

　平成29年5月4日の読売新聞朝刊『くらし教育欄』に、この非認知能力の向上について取り上げられている記事がありました。その中で、非認知能力が「折り合う力」と表現されていました。「折り合う」という日本語は、僕も以前から好んでよく使ってきた言葉で、僕にとっては、こちらのほうがずっと分かりやすく馴染みやすい言葉です。また、非認知能力と言っても、その発達過程では、認知能力と密接かつ相互に影響し合っているわけで、認知・非認知を対立概念のようにして説明しようとすること自体が、現場感覚からずれていると思います。したがって、今のところ僕は、非認知能力という言葉は使わず、従前通り「折り合う力」という日本語を使いたいと思っています。

　さて、この「折り合う力」についてですが、総じて言えることは、適時適切な形で、他者からの働きかけや状況に応じる力と、困ったときに適切な形で適切な相手に働きかける力を基礎にしてできあがるものだと言えそうです。適切な形でと言ったって、言葉のでない子から、やたらと弁の立つ子まで、いろいろな子がいるわけですから、その子なり（それなりに）にベストを尽くすことが大事になります。もちろん、何をもって「それなりのベスト」と見なすかについては、子ども自身の判断に委ねられるものではなく、教育訓練に当たる者の眼力が問われるところです。また、ベストを尽くしたときのレベルは障害が厳しかったり、生活年齢が低かったりすると、その子と一緒にいる人が誰かによって別人のように違ってしまうのも事実です。子どもの潜在能力を計る際には、その点への考慮が欠かせません。

これ以降、世間と折り合って逞しく生きて行く力を身につけるために、具体的に何を教育訓練して行くべきかを考えて行きます。つまり、アプローチの対象と方法を挙げて行くことになります。ただ、その前にもう一つだけ押さえておくべきことがあります。それは、課題となる対象にアプローチする方法を決めるときの考え方についてです。少々理屈っぽく、また、もったいぶるようではありますが、大事なところですので、しばしお付き合いください。

# 4 ● 実生活で指導する　～SSTの落とし穴～

その子なりにベストを尽くし、世間と折り合うことは、就労自立における必須要件になります。ただし、これは一時的・表面的なソーシャルスキルとしてではなく、継続的で応用の効く力として子どもの中に根付かせて行かなければなりません。そのためには、その場を上手く繕うソーシャルスキルを教えるだけでは不徹底です。むしろ、『なんのために』という動機のほうが遥かに大事であり、ソーシャルスキルはその上に乗っかり運用されるものだと考えます。

SST（ソーシャルスキルトレーニング）という手法を聞いたことのある方は多いかと思います。これは、文字通り社会性を技術として教える手法です。それ自体が悪いとは思いませんし、こういった技術指導は、過程や手段として必要なことだとも思います。また、ある一群のある状況においては有効な手法であろうとも思います。ただし、手段が目的化して、自己満足で非生産的な営みになってしまっている事例を多く見かけるため、ここで警鐘を鳴らしておきたいと思います。

スキル（技術）は方便であり、それをもって神髄に達することがなければ、習慣化することなく消えて行きます。真髄に達すれば、動機がしっかりする分、スキルの使い方に筋が通って来ます。スキルばかり覚えていても、筋が

通っていなければ、そのスキルを使う相手や場所やタイミングを誤り、乃至
は後先を考えずに都合よく使い、最悪の結果を招くことさえあります。中途
半端なSSTは、他の訓練同様に、危険な側面を持っています。SST自体、
人が人に対してトレーニングするものであり、そうである以上は、対象にな
っている人を見る目が鈍らであれば、実施するトレーニング内容もずれたも
のになるでしょう。対象者が必要に迫られて、その対人技能を身につけるた
めには、一旦象徴化するロールプレイのような訓練形態は、知的障害や自閉
症スペクトラムの人たちには適していません。多くの場合、「それはそれ」
になってしまうので、これを再度般化する作業を行うというのは、非効率的
だと言わざるを得ません。それどころか、このあと事例にあげる女性のよう
な失敗にもつながります。

　あるアスペルガー症候群の女性は、他者との関わり方を大雑把なSSTで
教わり、教わった通りにそのスキルを使い、終に悪い男性に騙される直前ま
で行ったことがあります。その男性は、彼女が一時期世話になっていた人で
した。彼は彼女が独り暮らししているアパートに、彼女の許可を得て入り込
みました。彼女には断るという選択肢もあったはずですが、それを選択しま
せんでした。選択する基準については、教えてもらっていなかったのです。
ところが、許可した彼女が様子のおかしさに気づいたのは、事件になる直前
だったと言います。すんでのところで支援者が駆けつけ、難を逃れました。
彼女は非常に運が良かったと思います。普通、このような状況下で女性が被
害から逃れることはできません。

　彼女の場合、ボトルネックは相手を選べない（選ぶ目がないか、人が好き過
ぎる）ところにあるわけで、その彼女に対して、まず教えなければならない
のは、男女関係のリスクです。それを飛ばして、紋切り型のSSTを教科書
通りに行ってしまう支援者の迂闊さこそが問題だと言えます。もちろん、こ
の事例は、SSTそのものの欠陥ではなく、運用上の失敗だと思います。物
事には必ず例外があるものですが、そのことへの想像力が欠けている支援者
は、まったく無意識に、善意の下でこのような失敗を起こします。猫も杓子

もSSTになってしまっている現状においては、このような失敗を起こしやすいのだということを、しっかりと脳裏に刻んでおく必要があると思います。

　また、ある知的障害の若い男性は、巧な交渉能力でツケ買いをします。高級な寿司屋で高額の食事をして、後日、家にある貴金属類や高級腕時計などの物を質屋やリサイクルショップに入れて手に入れた現金で支払います。彼がツケで食事をする際の冷静かつ躊躇のない態度に、お店の人たちは何の疑問も抱かなかったと言います。

　また、別の知的障害の男性は、自作自演の電話で見事に身内から金品を騙し取り、豪遊したものです。支援者に見つかると殊勝（しゅしょう）な態度で謝りますが、その姿から、完全犯罪のような手口を考えて実行する彼を思い浮かべることはできません。

　どれもこれも、彼らが学習してきた対人スキルを駆使した結果です。良くも悪くも、彼らは高いスキルを持っているのです。しかし、それを使う目的の設定については明らかに間違っているため、犯罪に巻き込まれたり、罪を犯す側に回ったりしています。スキルは道具に過ぎず、その道具を使う人が、どういう目的の下にそれを使うのかのほうが大事です。何に使うのか、その動機がしっかりとしているのかを確認したうえで、スキルを教えなければいけません。

　次に、スキルを使う動機と判断の大切さを教え、その訓練を日常生活の中でしっかりと行っていくという前提で、SSTの在り方を考えてみたいと思います。

　そもそも、SSTの教科書を見れば、その手順として、次の5つが過程として挙げられています。

①教示（教えるスキルの必要性と身につけるメリットを認識させる）
②モデリング
③リハーサル（主にロールプレイング）
④フィードバック（振り返りと修正）

⑤般化（現実の場面で実行できるようにする）

　これを見ると、誰にでもできそうに思えてきますが、そうは問屋が卸しません。

　手順①について言えば、教示されただけでピンとくる人は、僕らが支援をする対象の中においては、超エリートに属する人です。教示されて分かる前提としては、教示以前に本人が困り感を十分に持っている必要があります。つまり動機の問題なので、教示すれば困り感が出て来て、動機もしっかりしてくると考えるのは浅はかです。例えば、あいさつの仕方を覚えるときに、口頭で〈これこれこういう訳で、あいさつが必要ですよ〉と講釈を繰り返したとしても、やる側が、やらされている感から解放されることはありません。なぜ必要なのかを言語の説明を聞いてイメージし、理解し、過去に経験した場面や、これから経験するかもしれない場面を思い起こして参照することは、彼らにとっては相当に難しく、障害の根本を衝かれるようなものだからです。そのため、このような形での教示は切実感を得にくいのです。

　②〜④の過程は、最初に述べたように、現実を象徴化してしまうと効果は薄くなり、誤学習の温床にもなりかねません。②のモデリングについて言えば、真似しろと言って真似られる人は、そもそもSSTなどという肩肘張ったやり方を取り入れるまでもなく、現実の中で覚えて行くでしょう。実際には、対人関係構築の基本であるジョイントアテンション（共同注意）が十分にとれていないままに、ただ作業能力が高いからだとか、パソコンができるからというだけで就職を目指している子どもが多いのが現実です。そう考えると、この一群については、SST以前の訓練が必要になります。スキルなどと呼べるような表層的なものではなく、もっとプリミティブな、場や時間を共有するというようなことを体験し、それを日常の中で習慣化することこそが大切です。

　本来、社会参加とは、一方的にするものではありません。社会の側と個人の側が、相互にギブアンドテイクの関係を作り上げている状態が社会参加で

す。いい意味で、お互いにあてにし合っていますよ、という状態が社会参加の条件だと思うのです。したがって、その人なりに、隣人として暮らしている感じが出てこないと、現実的に言って、就労自立や社会参加という状態を維持することはできません。

　例えば、空気を読めないという様相があり、それが原因で社会参加が難しくなっているのならば、その場その場でのふるまい方を事前に教えておき、実践させ、結果を評価反省して行く形をとるほうが、ダイレクトに集団との関わりを感じさせることができますし、その意味づけもできます。やらなかった場合のデメリットも感じてもらうことができるため、本人側の動機も高まります。また、情況判断をその子なりにすることになるため、場面が変わっても再生しやすいのです。したがって、実践的なソーシャルスキルは、現実そのものの中で、リアルタイムに、直截的に、切実感を盛り上げながら覚えていくほうが、遥かに効率よく身につきます。

　なぜなら、そうやって、他者と通じ合えることの喜びについては、厳しい自閉症を伴う子であっても、しっかり感じられるからです。応用行動分析的に言うならば、この喜びは強化子になるので、それをもたらした行動（事前に教わってやってみた、その場その場のふるまい方）は繰り返されるようになります。逆に、例えばロールプレイで似たようなことをやったとしても、役に立っている感や、あてにされている感も、その中で象徴化された疑似的なものなので、現実社会で起きることとの関連付けが難しく、その場限りになりがちです。

　もし、実社会にでたときに、ロールプレイで練習したことと似たような場面に出逢っても、渦中にいるときに練習シーンを参照することはできないことのほうが多いと思います。そこでわざわざハードルを一つこしらえることになるのですから、効率は悪いと思います。指導する側もされる側も、お互いに自己満足くさくて、僕などは、あまりやる気が起きないのです。

　最後に、手順⑤についてです。以上のことから考えても、僕らが対象にする人たちにとって、⑤の般化は、相当な難関だと思います。知的障害や自閉

第4章　青年期に向けて

症スペクトラムを伴った人が、一旦象徴化された内容を、時間をおいて、いつ再現されるか分からない現実と結びつけることの困難さは、彼らと直接関わり合ったことのある人なら解るはずです。にもかかわらず、多くのSST実践は、この部分を深く考えていないというのが現実の姿ではないでしょうか。

　以下のケースも、そんな例でした。

　美咲は、僕らの就労支援を通過して就職し、今は職場になくてはならない存在となっている女性です。彼女は、知的障害のある生徒を対象としたフリースクールを卒業して、僕らの支援範囲に入って来ました。親御さんはとても熱心に本人の就労自立を願っており、その思いは、美咲も同様でした。そのフリースクールでは、美咲が社会性を身につけるために、例えば大きな声を出すように促したり、あいさつの練習をしたりといった訓練を、時間割の中に組み込みながら、それを習得する設定になっていました。学校側のこのような教育形態は、一見直接指導をしているように見えて、設定が象徴化された題材を使うようになっているので、結局は間接的な指導になってしまいます。これは、美咲のような人たちの障害特性を考えれば、極めて分かりにくいものだと言わざるを得ません。教育者側がどんなに熱心になっていたとしても、結果として本人がそこから学習し、実施できるようになっていなければ意味がありません。美咲が僕らと働き出したときの状態は、その『意味がない』状態でした。

　一緒に働くためには、同じ職場で働く者同士が共通のテーマについて話せなければなりません。当時の美咲は、それができていませんでした。共通のテーマになり得るのは、本人の趣味とこちらの趣味が偶々合った場合のみで、それ以外は、お話になりません。向き合って対話しようとすると、しかめ面で顔を横にそむけます。あいさつなどしようものなら、踵を返して走り去るという状況でした。学校の先生に訊いてみれば、3年間学校でこのイタチごっこを繰り返していたそうです。ダッシュして苦手な場面へ直面を一時的に

99

避けることができたという成功体験？　の繰り返しは、踵を返してダッシュ逃亡することが美咲にとって有益な手段であるという誤認識につながります。それゆえ、ダッシュ逃亡行動は、学習理論通りに美咲の身について行ったはずです。つまり、学校側は、美咲の逃亡ダッシュ力を鍛えていたに等しいわけです。

　そんな美咲との初期的な関わりは大変でした。まず、踵を返させないようにしなければいけません。ダッシュして逃げられたら、美咲は、

（ダッシュして逃げれば、嫌なことを回避できる）

　と学習するので、さらにそのダッシュ力は強化されてしまいます。つまり、誤学習を繰り返させてしまいます。こういう場合は、逃げてもメリットがないこと、逆に、逃げないことがメリットになるということをさまざまな手段で伝えます。褒める叱るもそうですし、予め警告しておくことも重要です。あとは、どういうときにダッシュするのかを僕らが高い精度で予測し、気迫と目力でダッシュ逃亡を諦めてもらい、『逃げずに成功』→『人や集団とつながれて良かった！』という成功物語を本人と共に積み上げていくのみです。

　ここでポイントになるのは、『人や集団とつながれて良かった！』という成功物語が、オママゴトであってはいけないということです。現実のメリットとして、これを美咲に享受させることが最も大切なところです。僕らの場合だと、チームワークで取引先との契約通りに仕事をして、信用と報酬を頂くという、ごく普通の喜びにつながります。これは、僕の経験から言って、かなり障害の厳しい人であっても感じられる喜びです。美咲もこれを感じ、生産者としての役割とチームの構成員としての役割とを自覚するようになりました。社会の中で張り合いのある生活を送っている実感は、生産者としての自覚を持ったとき（役割を獲得したとき）に持つことができるものなのです。

　そこから先の、美咲の成長は著しく、就職に向けてまっしぐらでした。分かってしまえば何のことはないのですが、逃げることに成功しているうちは分かりようがないのです。美咲の場合は、この第１段階の付き合いが、ほぼ全てでした。つまり、SSTなどという肩肘張った形式的な物は不要であっ

たというのが僕らの結論です。そうなると、学校の3年間は、一体何だったのでしょうか。美咲がなぜ逃げるのか、なぜスキルを身につけようとしないのか、そんな当たり前の分析をせずに、ただカリキュラムの中にSSTがあるから、やれば身につくだろうと思ったのでしょうか。

その人にソーシャルスキルが身につかないのはなぜなのか、また、その人がそのスキルを使うにあたっての注意点は何なのか、というところまで考えて教育や訓練を行わないと、原子力技術が原爆投下や大事故につながってしまうのと同じような筋違いの技術利用になってしまう危険があります。今、多くの教育訓練の場で、障害児者を対象にしたSSTが売り文句のようになっていますが、それ自体が大事なのではありません。特に、一斉教授方式や集団指導の中においては、個々のレベルで誤魔化しが効きます。分かっていなくても、何となく周囲の真似をして凌ぐとか、周囲に紛れて凌ぐとかの形で誤魔化せてしまうのです。その分、指導にあたる者の力量は高いものを求められます。その人の自立度を上げて行くという本来の目的に向けての筋を外していないかどうか、つねに検証が必要だと思います。

以上のようなことを鑑みると、彼らの教育や訓練を実施する環境は、可能な限り現実の中で行っていけるように、それを整えるべきだと思います。そういった設定が叶わない場合にのみ、ロールプレイングのような象徴化された形での訓練方法が選択されるというのが筋でしょう。

# 5 ● 支援の前提

企業就労に向けての支援を使うにあたって、最低限準備しておくことは何かと問われれば、6〜7歳レベルの身辺自立ができていることと答えるでしょう。これについては、幼少期からの積み重ねになりますので、しっかりと身辺自立度を上げて行く方向で関わって行くしかありません。身辺自立課題の達成を親子で喜ぶような歩み方をすることが、将来の自尊心につながる基

礎になると思います。具体的な取り組みについては、僕あたりが口を挟むことではないでしょう。たくさんの書籍が出ていますので、そちらに譲りたいと思います。ただ、一つだけ言うならば、児童期に身につけておくべき生活習慣であっても、青年期に確立すべき労働習慣であっても、自分の習熟度や自立度が上がったことをその子（人）なりに、周囲との関係の中で喜べることが大切です。対象児者が自閉症を伴う場合、この部分に大きなハードルがあります。自分ができるようになったことを、周囲と自分との関係性が変わる喜びとして捉えにくく、周囲との関係性発達という文脈と結び付き難い傾向があります。平均的な発達の子（人）であれば、生活（労働）習慣の一つでも身につけば、一端になった満足感をその表情に醸し出すものです。ところが、自閉症を伴う場合は、できるようになったことを周囲が喜んだとしても、本人は迷惑そうな顔をしているような場合さえあります。これだと、周囲としても心が折れそうになるし、本人も『やらされている感』満載で、つまらないでしょう。

　しかし、支援者がその辺りに焦点を当てて丁寧に関わり合っていくと、本人なりに「僕もイッパシになった！」「社会の中に役割を得た！」という誇らしげな気分を感じられるようになって行きます。放っておいて自分でこのことに気づく子ども（人）は、相当自閉度が薄くなっていると考えられます。そこまで行くには、相当地道な訓練の積み重ねが必要です。したがって、支援者の側に求められるのは、本人が、できるようになったことと周囲との関係性の変化とを結び付けて行けるような丁寧な関わりと技術だということになります。対象が幼児であれ、児童であれ、成人であれ、本人と周囲との関係というものを軸に習慣や技術の習得が計られなければ、実感として、本人の喜びや幸せが深く濃いものになり難い事情があるということを、支援者はつねに意識しておかなければいけません。

第4章　青年期に向けて

# 6 ● 生産性

　企業就労を目指して訓練に取り組もうとする人たちであっても、その前提となる条件が揃っていない場合が意外と多いものです。もちろん、この条件が揃っていなければ、就職が目指せないということではありません。むしろ、揃っていないからこそ、訓練するのです。したがって、この条件を本人が支援者と一緒に揃えて行ける場合は、就職は夢物語ではありません。

　昨今、社会の側に配慮を求める動きが加速しています。これは歓迎されるべきことです。しかし、配慮と甘やかしはまったく別のものです。企業就労という側面から言えば、配慮はその人の成長や生産性の向上を助けるものであり、それを見込んでの配慮ということになります。企業側が対応しきれないと判断した場合は、雇い入れ自体ができないということになります。企業は従業員に給料を払っていかなければいけません。そのためには利益を生み出す必要があります。したがって、就労自立を目指すのであれば、「ある場所で働き続ける以上は、そこで必要とされる何らかの生産性が必要である」という命題から逃れ得ないということになります。現実的に、企業側が従業員に給料を支払えなくなってしまうほどの配慮というものは得られません。

　生産性というものには、いろいろな側面があると思います。誰にでも、生産性を落としてしまうような要素はあるものですが、これを可能な限り小さくしておくことも、直接生産力を上げることと同じか、それ以上に大事なことです。特に、プリミティブな部分についてはすべてに影響を及ぼします。彼や彼女が生きている現実の社会で、健康的に張り合いを持って暮らしていく基礎を作るのが、教育や訓練の第一義です。その子（人）なりに社会と折り合って暮らしていくために必要なこと（基礎）から目を背けず支援していく必要があります。

　例えば、ギフテッド教育と呼ばれるものが取りざたされる世の中です。その良し悪しはさておき、強みを生かすためには、プリミティブな課題から目

103

を逸らしてはいけないという覚悟が、親子にも支援者にも求められると思うのです。

# 7 ● 自立に向けての6段階

　古い文献からの引用になりますが、東京大学名誉教授の三木安正さんという方が、自立に向けての手順を次の6段階にして簡潔に示しています。とても分かりやすいので、僕は支援を進めて行く際の羅針盤として、よく使わせていただいています。

①身辺生活の自立
②集団生活への参加
③社会生活の理解と参加
④生活の常識と技術の習得
⑤生産人としての自覚と行動
⑥消費生活の教育

（三木安正編著『精神遅滞者の生涯教育』日本文化科学社、1976年）

　個別に考えると、①～⑥を獲得する順番が一部入れ替わる場合もありますが、この6項目は自立した社会生活を営むために欠かせないものです。それにしても、ここまで整理して書かれると、ぐうの音も出ないといったところです。それでは、この6項目に、どうやって取り組んでいけばいいのでしょうか。以下、もう少し具体的な考え方をまとめて行きたいと思います。

①身辺生活の自立

　企業就労と自立を目指す人であっても、身辺生活の自立が不十分な人は多いものです。これが必須項目であるということは言うまでもないのですが、

それをおざなりにしているケースは枚挙に暇がありません。

　先に引用させていただいた三木先生によると、身辺生活の自立は、「基本的習慣」「意思の表示」「生活の軌道」の三つの中項目によって成り立っていると言います。

「基本的習慣」について言うならば、大学や大学院を卒業していても、食べること、眠ることが整っておらず、企業就労の夢が叶わぬ者の多いことは事実です。これはつまり、身辺自立ができていないということになります。唖然とするかもしれませんが、実際そういう大人は多いのです。逆に、知的障害が重度であっても、この辺が堅牢に整っている者も多く、そういった人ほど働き始めると成長し、また、長続きする傾向が強いと思います。また、社会参加するときに、基本的習慣への援助が必要ないというだけで、参加できる場所が飛躍的に多くなるということも、よく知られていることです。

「意思の表示」も、IQの高低に関わらずネックになりやすいところです。意思表示が上手く行かない理由はさまざまですが、表示する以前に自分の『意思』に相当するもの（思っていること）を意識できる人は意外と少ないものです。例えば、体調の良し悪しや痛みなども、当の本人がまったく気づかずにいて、突然倒れてしまうこともあり得ます。骨折している本人がまったくこれに気づかず、周囲の人から指摘されて治療することになったなどという例もありました。空腹や渇きに気づかない人も稀ではありません。

　また、もっと表層のところで、言ってはいけないものと思い込んでいて、ひたすら我慢していることもあります。本人の中におけるどのあたりの層で起きている意思表示障害なのかを確認したうえでアプローチしなければ、指導の効果は出ません。

　加えて、意思表示をわがままにならない形で行い、自分にも周囲にも役に立つように活用することとなると、さらに難しくなります。僕は、意思と意志は違うと考えています。思っているだけの段階で表示して、それが妥当であるかどうかを客観的に評価してもらうというプロセスを経ること、つまり考えてから、『志』として実行に移すというプロセスが重要だと思うのです。

このプロセスを飛び越えて実行に移されるものは、しばしばわがままとして周囲からひんしゅくを買います。パスカルは、「人間は考える葦である」と言いましたが、考えることによって草（葦）のように弱い人間が、滅びることなく生存できるわけです。障害児者であっても、同じことなのではないかと思います。

　ある子どもは、偏食がきつく、白米しか食べられなかったと言います。しかし、何が原因で食べられないのかを分析して、その刺激閾未満ギリギリのラインで苦手なものを食べる訓練を積みます。もちろん、スッタモンダしながら大汗かいてしまうこともあります。でも、最後には食べられるようになり、その後はケロッとしています。食べないという意思は、食べられたという体験を経て、食べるという意志に変化します。一般的には、これを成長と呼びます。

　世間では、本人の意思尊重等が声高に叫ばれますが、技術的に考えてみると非常に高度なことです。例えばうつ病の若者が「死にたい」という意思表示をしたときに、本人の意思を尊重するということは、形としてどんな風になるのでしょうか。通常、彼の隣人は、それを幇助するのが嫌ですから、その意思が妥当ではないことを証明するためにさまざま策を巡らすでしょう。説得しきれないと、病院へ行けなどと言って時間を稼ごうとするかもしれません。それでも間違った意思が実行に移される不幸はあとを絶たないのです。

　僕のように、何年もこの仕事を続けていると、こういった事例が稀有ではないことに気づきます。高度だからやらないということにはなりませんが、高度なことであるという前提で『本人の意思尊重』を叫んでもらいたいものです。

　最後に「生活の軌道」というのがあります。瞬間瞬間の刺激に反応して行動するのではなく、明日以降の目的につながって行くように、個々のスキルをつなぎ合わせて行動することができないと、どんなに器用でも「器用貧乏」な状態になってしまいます。いろいろと知っているし、驚くほど上手にできることも多いけれど、社会と折り合うことができないという人は、ある

中長期的な目的に向けて筋を通し、そこに沿う形で知識やスキルを動員し、組合わせて使うことができていないケースが多いのではないでしょうか。これについては、先に説明した『実生活で指導する～SST の落とし穴～』（94〜101頁）も参照してください。

## ②集団生活への参加

　僕らが目指すものは『就労自立』という形での社会参加ですが、それを成し遂げる前に、帰属集団への意識と、そこに役割を持って関わって行けるかどうかという問題があります。僕らの支援範囲に入って来る人は、労働者としての困難以前に、集団参加というところで、それなりの折り合いをつけることに失敗していたり、部分的な発達の凹みから、無理な参加の仕方をしていて、歪みが出ていたりするケースが多いのです。これは、あいさつができるとかできないとか、言葉遣いが適切か不適切かとか、あるいは、言葉が出ているかいないかとか、そういった表面的な問題ではありません。むしろ、簡単で難しい『私とあなたの関係』について、身体で理解できていないことが原因になっていることのほうが遥かに多いと思います。よく観ると目立つのは、他者との間で何かを共有しようとする姿勢の希薄さです。これは、自分から、ある対象をテーマとして他者とつながる姿勢の弱さと言い換えてもいいでしょう。自閉症をともなう場合、人と関わることが嫌いではなく、一緒に何かをすることに喜びを感じる素地があっても、これが上手くできません。

　裕次郎は、高校を卒業してすぐに僕らの支援範囲に入り、就職を目指し始めました。もちろん、卒業前に就職活動もしましたが、箸にも棒にもかかりませんでした。彼は、パソコンも使えるし、普通高校を卒業できるだけの学力もあります。一緒に働いてみると、個人としての作業能力は高く、その部分だけを見れば優れています。しかし、彼と直接関わる周囲にしてみれば、暖簾に腕押しというか、糠に釘というか、手ごたえがないのです。何か根本的な部分が欠けていました。

第一に、言葉でのやり取りについては、かなり難しい言葉を使うものであっても可能ですが、肝心のテーマを共有できていません。『あるテーマを共有する私とあなたの関係』が成立していないのです。これでは、一緒にいる感じがしません。彼は、こんなことすら周囲から指摘される機会もなく18歳を迎え、僕らの前に現れたのです。この件に関しては、彼と積極的にやりとりしつつ、何をテーマにしているのかを徹底的に共有するようにしました。テーマが共有できているかどうかが怪しいときは、視線や姿勢からチェックを入れます。

重要なのは、共有すべきテーマや相手に対して意識が向けられているかどうかです。最初の頃は、まったくこれができていませんでした。誰かと話していても、つねにどこかが動いており、相手以外の何かに注意が向いているか、ないしは彷徨っている状態です。

ある日、担当職員から、

〈こっちが真剣に話しているのに、その態度は失礼だ！〉

とダイレクトに指摘されることがありました。高校卒業まで、何となく流されていた違和感に、メスを入れられた瞬間でした。単刀直入に言われたからか、さすがの裕次郎も気づき、何に意識と注意を向ければいいのかについて、真剣に考えだしました。そうやって、構えを作って行き、共有すべきものを明示していくと、時と場所とテーマを共有している感じがでてくるのです。一緒に作業をしていても、（ときどき）適切な提案が出てくるようになります。このようになるのも、時と場所とテーマを共有することについて、その重要性を教えられたからです。我が道を行っているだけでは人生が面白くないということに気づいたとき、彼の中核が動き出す感じです。ですから、僕らは裕次郎がそれに気づくような設定をしたわけです。

〈失礼だ！〉

と、担当職員にその態度を注意されるのも、気づかせる方法の一つだったのです。もちろん、失礼だと指摘したあと、〈あとは自分で考えろ〉では支援者として失格です。必ず、どうすればいいのかという作戦を本人と一緒に

立てるのです。さらに、それを実行させて評価し、作戦通りにやったほうが我が道を行くよりもメリットがあると感じさせることで、その行動を定着させます。つまり、動機づけをしっかりとやることが大切になるのです。そうしないと、裕次郎は同じ間違いを繰り返し、怒られ損になってしまいますから、面白くありません。

　僕らは彼に、そういう面白くない人生を歩んでもらいたくないので、彼と何度も作戦会議をしました。裕次郎もそれに必死で付き合いました。その結果、私とあなたの関係を意識して時と場所とテーマを共有できるようになりました。これが第1段階です。ちなみに、就労支援の現場であったとしても、第1段階から取り組まなければいけないケースというのは、決して珍しくありません。しかし、本来、この辺りのことについては、幼児期から日常生活の中で継続的に取り組んでおくべき課題だと思います。また、第1段階があるということは、第2段階もあります。次にあげる第2段階についても、児童期に集団との関わりにおいて、ある程度達成しておくべき課題だと思います。

　社会に出て働くためには、第1段階の通過だけでは不十分です。次の段階にも挑まなければ、就労自立の希いは叶いません。したがって、まだ裕次郎物語は続きます。彼と出会ったばかりの頃、彼が仕事をするときの様子を具に観てみたところ、そのチグハグさに気づきました。例えば、本当に単純な作業を2～3人で役割分担して進めていこうということになったとき、彼は確かに自分の分担をしっかりとこなします。それもすごいスピードと精度でやるのですが、協働している感じにはならないのです。平均的な人なら、オートマチックに修正して協働という形になる場面で、彼はそうならないのです。

　ところが、僕らの支援を受け始めるまでに、彼はそのことを直接指摘されたことがありませんでした。なぜ指摘されなかったかというと、周囲の先生方には、彼のどこを指摘したらいいのかが分からなかったからだと思います。そのくらい、周囲にしてみれば、一体どういう訳で裕次郎の人づき合いがチグハグになってしまうのかが分かりません。そして、それ以上に、本人は分かりません。支援者は、分からないと、結局『本人のやる気』の問題にして、

放置するしかなくなります。僕に言わせれば、『本人のやる気』をあてにして指導しようとすること自体が支援者の甘えだと思うのですが、それは指導論になってしまうので、ここでは脇に置いておきます。

　一番困るのは裕次郎で、彼はそれだけ一所懸命に作業しているのですが、周囲との協働という形での結実はなく、むしろ周囲から疎まれてしまうのです。こういう人に、マナーだとか、スキルだとか、報連相だとかを、表面的に教えても意味はありません。そんなものは、高校時代に耳にタコができるほど言われて来た彼でした。ですから、僕らのところへ来たときには、食傷気味といった風情になっていました。そういう意味では、やる気を失くしていたのかもしれません。しかし、彼はまだ一縷の望みを持っており、僕らの支援範囲に入ってきたわけです。

　僕らが彼に対して求めたのは、教科書通りのスキルではなく、なぜそうすることが必要なのかを感じてもらうことでした。センサーが働かなければ動き方を教えたところで、どのタイミングで発動すればいいのか分からないのですから、意味がありません。だいたい、動き方などというものは、耳にタコができるほど聞いてきて、知っているのです。動き方を知らないから動けないのではなく、動き出す基準が見えていないから動けないのです。

　例えば、作業能力は高いのに、仕事としてその能力が生きないのはなぜなのかというと、彼が彼の両隣をまったく意識していないからなのです。両隣との協調がないので、自分の前工程からは奪い取るようにして自分の作業を進め、後工程へは、自分が作った物を山のように積み上げて、押し付けるような形になっています。そして、両隣が困っていることにはまったく気づいていないのです。完全にやる気が裏目に出ているわけです。ですから、指導上のアプローチとしては、両隣を視野に入れさせるようなものになります。ただし、気をつけろと言っても分からないので、具体的に彼がイメージできるような気をつけ方と、その理由をしっかりと教え込みます。

　協働作業を覚えてもらう一番単純な形として、二人のペアで一つの作業をするというやり方があります。この場合、「相方を意識して作業しろ」など

といった漠然とした指示は大抵無効です。まずは、自分の手元にある自作の仕掛品が〇個溜まったら報告する、というような超具体的な指示から始めます。つまり、手元の状態を弁別する訓練から始めるのです。驚くなかれ、彼らの場合、自分の作業量が多過ぎているのか、丁度なのかの弁別ができていないことが多々あるのです。

作業量が多すぎる場合は、ひたすら作業を遂行することに没頭して、止まらなくなっている状態であることがほとんどです。止めるタイミングに気づいていませんから、材料がある限り、いくらでも作り上げてしまい、作業台の上は彼が作った仕掛品で一杯の状態になります。それでもなお、作り続けるのです。周囲との兼ね合いということに気づかないのが一つの原因です。そして、もう一つの原因は、自分の作業量を把握していないということです。これを報告させて、〇個になっているということに気づくようにするところから始め、まずは自分の作業量を把握させるのです。

その次は、『周囲との兼ね合い』という課題に挑みます。把握できるようになった自分の作業量の情報を両隣への意識につなげます。彼のセンサーが、「目の前にある仕掛品〇個以上」を感知したら、前（後）の工程にいる仲間の状態を見させます。

①両隣が追いついていなければ、追いついていないほうを手伝う

②順調に流れていれば、自分の作業を継続

というフローチャートをイメージさせるように指示します。もちろん、口頭で言ってもイメージできないので、図にしたり、絵にしたり、さまざま工

夫を凝らして伝えます。彼の場合、こんなことから始め、漸次フローを複雑にして行きました。また、さまざまな作業で似たようなことを実行させていくうちに、周囲と自分とのつながりやチームワークといったものを意識するようになりました。

　私とあなたの関係から、私とチーム（帰属集団）との関係を理解するところまで進み、やがて、私と所属部署、私と会社、という関係をそれなりに理解して意識するようになっていきます。競ったり、協働作業したりすることができるようになるためには、協働する相手の力量を知っている必要があります。そのためには、自分のパターンや、繰り返し行動（保続）に酔ってしまっているような状態ではいけません。その殻を破るような取り組みが必要なのです。

　彼は、僕らの支援範囲に入って来たばかりの頃、口では「就職したいです」と言うものの、その熱が伝わってこないような状態でした。見方によっては、本当に就職して、社会と融合する覚悟があるのかどうかが疑わしいという意見もありました。しかし、上記のような当たり前のことを、平均以上に手間暇をかけて、実際に社会的責任のある仕事をしながら体得させていくうちに、彼の主体性が浮き出て来ました。作業をしていても、教えてもらったフローにはない未知の状況と出会ったとき、それを報告して、どうしたらいいのかの指示を仰いだり、気を利かせて手伝ってみたりという積極的な動きが頻繁に出てきました。この段階まで来れば、僕らは彼が企業就労する資格を得たと判断しますし、彼自身も、何となくではなく、具体的なイメージを抱きつつ就職を望むようになります。そこから先は、至って普通の就職支援になります。彼の良いところが生かされて評価されるような職場を探し出したあとは、実習、そして就職へと、スムーズに進みました。

　最近では、障害を持つ人の『強み』を強調するキャッチフレーズをよく耳にします。間違ったことではないのですが、強みを生かせるのは、ある段階を越えた者であることがほとんどです。彼は、僕らと一緒にその山を越えました。

就職先での裕次郎には、僕らと一緒に働いていた頃と同じような課題が相変わらずあります。例えば、同僚からの支援要請を悪気なく無碍に断ってしまったりして、周囲から浮いてしまいそうになることもあります。しかし、僕らの側から、僕らと一緒に働いていたときの様子を伝え、そのような場合でも本人に情況説明をすれば、解決するということを予め伝えてあるため、職場も落ち着いて対応してくれます。対応を繰り返すたびに、彼の自閉症っぽさは、軽快して行きますが、それでもどこかにその面影は残ります。しかし、高校生時代と違って、そういう裕次郎を応援する人たちが複数存在するようになりました。

裕次郎は今、実社会の中で生産者として自分の役割を得ました。彼は、その役割と責任を日々果たしています。そうやって社会と寄り添って行く中で、ゆっくりと、その人生を豊かにして行く道のりを歩んでいるのかもしれません。

### ③社会生活の理解と参加、④生活の常識と技術の習得

先述の、『実生活で指導する　〜SSTの落とし穴〜』（94〜101頁）を参照していただきたいと思います。大切なのは、技術以前に、社会生活への関心が高まっていることです。これは前項『集団生活への参加』の内容から、そのエッセンスを抜き出してお考え下さい。社会への関心や、そこへ参画して行こうという気概は、一朝一夕にできるようなものではありません。子どもの頃から思春期にかけて、集団への参加が歪にならないように熟して行くことを目指す必要があります。

僕は現職で、思春期以降の支援に携わっています。そこでは、関わる人たちを受け入れるにあたって成育歴を聴き取ります。その内容から、ほとんどすべての対象者が、ここに至るまでの間、対集団関係に悩んで来ています。上手く関わり合うことに失敗し、ほどよく集団参加して行くということがどういうものなのかを体感体験する機会を逸している人が多いのです。

環境要因もありますが、そこへの対策も含めてアプローチし、いい経験を

積む必要があると思います。なぜ、それが大事かというと、その経験をベースにして、社会参加への意欲が形になって沸き起こって来るからです。逆に言えば、児童〜思春期に、この課題を適切に解決して行けば、青年期以降の、より複雑な社会参加において、良い影響を及ぼすでしょう。完璧な人づき合いなど望むべくもありませんが、社会と接点を持ち続けられるように、その子なりに丁度良い人づき合いを体得することが大切なのだと思います。

これを支援していくには、何がネックで対集団関係が上手く行かないのかを見抜く眼力が必要になります。しつこいようですが、表面的なスキルが問題で上手く行かないという事例は少なく、あったとしても解決は容易いのです。例えば、就職後、なぜか上司と上手く行かないというときに、その原因が言葉遣いだったとします。この場合、本当にそれだけが原因であれば、特に困難を感じるものではありません。あるいは、上司と面談するときの、座り姿勢が形状的に問題であるような場合もあります。背もたれにグタッともたれかかっているというようなことがよくあります。その場合、椅子の背もたれに背中をつけるものではないということを、イラストや写真で見せて教えると、びっくりして即座に直ってしまうようなケースもあります。実に単純な話で、本人は背もたれの機能を勘違いしていたというだけだったりするわけです。ただし、そのような単純な勘違いや癖を直して行ってもなお、他者や集団との関わりが上手く行かない人が多いのが実情です。

ある人は、積極的に関わろうとしてしつこくし過ぎ、嫌われてしまい、その思いが遂げられませんでした。また、ある人は、拒否することを知らず、または、仲間外れにされたくないがために、犯罪に巻き込まれてしまいました。こういった経験は、本人が青年期以降、社会参加しようとする際のスタンスに、大きな影響を与えるはずです。

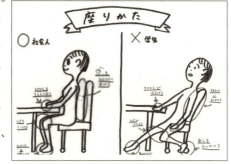

第4章　青年期に向けて

　上手く行かない原因を探れば、いろいろなケースが出てきます。それこそ、一人ひとり違うと思ったほうがいいでしょう。その中でも、よく出会うのが次のような人です。


・衝動のコントロールや注意の把持ができておらず、人の話を聴けていない

・会話を表層でしか捉えられず、前後関係や背景や付随する情報から意味を解釈することに失敗している

・結果的に、その場主義の様相になっている


　ただ単に聞いているだけで、聴いていない人は多いものです。これは、社会生活の理解と参加や、生活の常識と技術の習得が上手くいかない原因になります。したがって、この辺りは、言語やスキルを身につけることよりも大事な核心部分になります。事例をひとつあげます。


　佐吉という青年がいました。彼のセールスポイントは、気持ちのいい返事です。佐吉に何かを言うと、百発百中で「はい」という爽やかで気持ちのいい返事が返ってきます。ただし、困ったことに、状況を選ばずに、いい返事が返ってくるのです。これだけお手本になるような返事が返ってくると、返事をもらったほうは、佐吉がすっかり理解しているものと思うわけです。しかし、やらせてみればお願いしたことについては何一つ分かっておらず、散々な結果が出ます。やがて、佐吉は『当てにならない男』という評価をもらい没落していくことになります。皮肉なことに、これは、それまでの訓練の賜物でした。

　僕らが佐吉に言ったのは、「聴かないで返事をするな」ということでした。聞いた音に反応して返事をされた日には、仕事もやりとりも成立しません。聴いて分かった上で返事するなり質問するなりの応答をしてもらう必要があるのです。分かりやすく言うならば、最初の頃の佐吉は、出された指示全て

115

を笛の音のように聞き、その音に対して教えられた通りに反応していたのです。これはコミュニケーションではありません。

　佐吉に教えなければいけないのは、「はい」と返事することではなく、「はい」と言ってはいけない状況で、それ以外の適切な応答をすることです。例えばそれは、「分かりません」であったり、「もう一度教えてください」であったりします。それができるようになるには、佐吉が聞いた言葉を理解できたのか、できていないのかについて、佐吉自身が弁別しなければいけません。これを実行できるように訓練するには、指示者側が、弁別できているのかどうかの確認をする必要があります。その場で確認し、佐吉が聞いた言葉の意味を考えず、弁別せずに笛の音に反応しているようなら、すぐに考えさせるようにします。

　僕が佐吉に、

〈この書類を持って行って！〉

　と頼みます。佐吉は、いつものように爽やかに、

「はい！」

　と満面の笑みで元気に返事して行動に移ります。しかし、ウロウロしているだけで目的を達成できません。理由は簡単です。どこへ持って行くのか知らないからです。あるいは、いつも同じ頼まれごとをしている場合は、いつもと同じ場所に持って行くことはできます。しかし、たまたま別の場所へ持って行ってほしい場合でも、同じ場所へ持って行ってしまいます。作業ミスということになります。繰り返しになりますが、これではコミュニケーションがとれているとは言えず、仕事にもなりません。

　僕は、佐吉がこうなることを見越して、わざと中途半端な指示を出します。最初のうち、佐吉は僕の策略にまんまと引っかかり、目的もなく動き出そうとしますが、その前に僕にストップをかけられ、

〈どこへ持って行くんだっけ？〉

　と、とぼけたことを訊かれます。

「えっと……」

116

第4章　青年期に向けて

　と、言葉に詰まる佐吉です。これを何度かやられると、聞きながら言われていることの内容を考える、つまり聴くことになります。それまでのように、あっけらかんとした爽やかさは影をひそめ、ときには眉間に皺を寄せた考える人になります。こうなって来ると、お互いに協働している感じがでてきます。何より、やり取りの精度が上がり、仕事を任せやすくなります。

　情況判断力も、同じようにして身につけて行きます。情況判断するには、私とあなたの関係だけではなく、その他の人や周辺の事情について必要な情報をとり、総合的に判断をしなければいけませんが、この必要な情報を察知し、取捨選択し、把持したり不要になったら消去したりするのが難しいのです。どの部分に困難のウエイトがかかっているのかは、人によって違うのですが、佐吉の場合は、察知するというところと取捨選択するというところに困難がありました。特に視覚優位である場合は、聴いた情報より見た情報に振り回されます。将来的に配慮を求める部分ではありますが、教育訓練の段階においては、視覚的な情報に振り回されずに聴き取って考えて実行させるという実践こそが重要になります。

　佐吉は、僕の管理するグループに所属していますが、何かの折に他グループへ行くと、佐吉が所属するグループに帰属していることを忘れてしまったかのように、本来グループでもらうべき指示を他グループでもらおうとしてしまいます。視覚優位の彼は、視覚的に確認できる物理的な環境変化に引きずられ、自分の立場を見失ってしまいます。見えるものに引きずられてしまう佐吉にとって、立場は眼に見えませんから、気づきにくく、見失いやすいのでしょう。そんな佐吉は、行った先で、

〈あなた（佐吉）は、どこのグループの人だっけ？〉

　と訊かれると、ハッとして、

「髙原さんのグループです」

　と答え、指示をもらいに僕のところへ戻ります。これも、背景をよく考えずに動いてしまっているときに起きる現象です。まるで背景から抜け出して別の空間に来てしまった人みたいなのですが、支援者が、こういった状態に

117

気づかず、放置したままにやり取りを繰り返すと、前後関係とは無関係に、その場限りに応答する人ができあがります。

　僕が駆出しの頃、よく先輩から、その場主義に気をつけろと言われたものです。事の前後を考えずに、その場しのぎの答弁や行動をとってしまい、大きな失敗をしてしまう人が多いから気をつけろという意味です。浅はかな付き合いでは、これ（その場主義）を強化してしまいます。一見やったつもりで、できたつもりになってしまうリスクも多いものだということを知っていなければいけません。業務遂行上のコミュニケーション訓練をするのであれば、①佐吉の理解力なり、課題なりを評価でき、彼の失敗パターンとメカニズムを知っている人間が、②佐吉と通底しながら、③流動的に動いている仕事の場面上で、訓練を進めて行くという形であれば、効果はあるでしょう。逆に、ろくにアセスメントもとらず、浅はかに実施される訓練は社会生活を破綻させるような誤学習の温床になり得ます。誰がやっても同じように効果を出す訓練方法などはなく、鈍らな人が浅はかに行う技法は、大抵上手く行かないのです。

　佐吉の悪意なきその場主義は、僕に見破られ、ことの前後や背景や文脈を考えさせられることを繰り返すうちに、考える人へと変貌して行きます。思慮深く、カッコイイ大人になるための一里塚だと思います。そして、何よりも、そんなスッタモンダを繰り返しながら、佐吉と僕との共通の敵であるその場主義を撲滅して行く過程で、薄っぺらではない意味ある人づき合いを経験することが重要なのだと思います。


⑤生産人としての自覚と行動（知行合一）

　将来、職業人として社会参加することを目指すのであれば、最終的に獲得したい意識は次の3点になります。


　①責任感
　②協働意識

第4章 青年期に向けて

### ③公私の区別

「こんなことか」と思われるかもしれません。しかし、煎じ詰めれば、就職できなかったり、しても続かなかったりする人の中には、こんなことすら意識できていない状態で自由を求めてあがいている一群があるのは事実です。

このうち、③については、知的障害の重い人ほど混然一体となりやすい印象です。公私の使い分けというのは、『時と場合』によって変化することも多いので、難しいのは無理もありません。いわゆる公共マナーについては、公であれ、

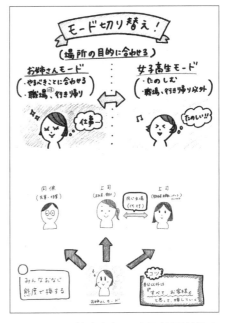

私であれつねに守れている状態を目指すことで、社会参加できる範囲がその人なりに拡大していくでしょう。①②については、障害の重い軽いに関わらず身につけていくべきでしょう。なお、情況認知が弱い人を相手にする場合、『時と場合』を分かりやすく伝え、そこに適度な注意を向けられるようにする周囲の配慮は欠かせません。

知行合一という言葉があります。知っていても行わないのであれば知らないのと同じだ、と

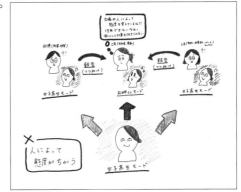

119

いう意味です。昔、勝海舟が政治のことを語る中で「行わないのだから、知らないのも同じだ。何事でもすべて知行合一でなければいけない」（氷川清話）と言ったそうです。これは政治家ではなくても、社会に出て働く上で大切なことだと思います。

　僕は、この知行合一について、知的発達障害児者の訓練や支援に携わる際に、つねに気をつけているつもりです。支援者たちはあまり語りませんが、個別に、あるいは集団として目標をたて、その目標に向かうべくアプローチをかける際に、対象となる彼や彼女が知行合一になって行くようにできることは、僕らの支援技術の中でも、存外大きなウエイトを占めることだと思っています。これまで、いくつかの『訓練擬き』を例として挙げてきましたが、これらはどれも、知行合一という当たり前だけれども難しい課題から目を背けて、耳障が良くて効果の薄いカリキュラムを利用者（生徒）集めの売り文句にしているのが特徴です。

## ⑥消費生活の教育

　よく言われる「お金の使い方と貯め方」の問題です。これは、時代と共に難しくなっているような印象があります。それは、単に世の中が世知辛くなったということだけではなく、カードやネット通販などで買い物をする人が増えたことによる影響だと思います。

　昔は、『ツケ買い』を封印することでトラブルを回避するのが定石でしたが、ネット通販やカード決済は、事実上のツケ買いであり、今後ますます生活の中に浸透するだろうと思われます。スウェーデンなどでは、メガバンクでも現金の振り込みができないところが多く、逆に小さな商店で100円の買い物をするのにもカードが使われているそうですが、そういった地域での実践例に興味があるところです。いずれにせよ、今後は、現金という形あるものが使われなくなり、無機質な数字から自分の財産量をイメージしなければいけないという時代がやって来るでしょう。そのときに、抽象化されたものから具体的なイメージを想起するのが苦手な人たちへの配慮について、これ

第4章　青年期に向けて

まで培ったノウハウを十分に生かして対応しなければいけません。

　話を日本の現代社会に戻します。カードの使い方を教育する以前にもっと大切なことがあります。それは、消費の倫理ということについてです。「俺が稼いだ金を俺がどう使おうと勝手」ではないということです。社会を構成する一人として、それではいけないということは、社会的動物の一員であるならば肝に銘じておかなければいけません。お金を払って何かを購入するということは、購入先の従業員に給料を払う立場になるということです。自分が自立生活を続ける上で、その助けになる相手に優先して支払うことが共栄共存につながります。逆に、ギャンブルにつぎ込めば、ギャンブルは栄えますが、自分自身は滅びます。ギャンブルを運営する組織は、直接的に個人の就労自立を助けることはありません。米や肉や野菜を買えば、空腹は満たされ、明日の仕事への活力になります。しかし、馬券を買ったからといって、それ自体が生活を支えてくれるわけではありません。たまたま勝って儲けが出たとしても、あぶく銭は身につかないものです。

　給料をもらうようになったら、その給料の使い方を教える必要があります。まずは自分自身の生活を考えなければいけません。生活して行く上で最も大切なことから自前にして行くというのが鉄則です。そうやって自前の範囲が広がれば広がるだけ、その人の自立度は高くなるのですから、当然のことです。食→衣→住の順番に経費を自前にして行きます。これは、古くから言われていることで、管理方法も含めて手法についての情報はネットでも簡単に入手できます。いまさら言うことでもないでしょう。しかし、自立を支援する施設において、どこまで個別に踏み

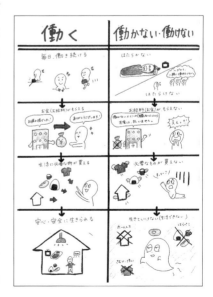

込んだ指導ができているのかと考えると、心もとない感じもします。

　ある青年は、就職活動中、何度となく不採用の通知をもらった末に、やっとの思いで就職を決めました。生活保護を抜け出し、夢にまで見た自立生活を開始した矢先、かつてはまったことのある競馬とパチンコに再び手を出してしまいます。のめり込む人に対して、「適度に」「ほどほどに」などという助言は、火に油を注ぐようなものです。むしろ、ほどほどにできない自分を知り、その自分に致命傷を負わせないような対策を考え、個別の人生訓として臓腑に叩き込み、徹底してその人生訓にこだわって生きることこそが大切なのです。ところが、ギャンブルにのめり込む人というのは、往々にしてそういった肝心なことにはこだわりません。周囲は給料の使い方について多くの助言をしますが、彼自身はどこ吹く風です。自分が稼いだ金だ。指図などされてたまるか。そんな決意が真一文字に結んだ口から洩れ聞こえて来そうでした。

　かつて僕は、その青年と一緒に、青年の父親を見送ったことがあります。昔寿司屋の職人だった父は、癌患者となったあと、身寄りもなく、十分な治療も受けられずに他界しました。遺影とドライアイスと車両のみを依頼する、最低限の葬儀でした。青年は、その父のことを憎んでいました。それは、父の金遣いが荒く、母が苦労して倒れたことに端を発しています。その父も「おれの稼いだ金だ。好きなように使って何が悪い」という生き方でした。青年の父がまだ働けていた頃、僕は差しで父と話をしたことがありました。すでに青年と父の縁は切れていましたが、話の最後で「よろしくお願いします」と、僕ごときに頭を下げた父でした。

　あるいは、父の生き方を青年もたどったのかもしれません。ギャンブルにのめり込んだ彼は、給料だけでなく、カードやサラ金で限度額ギリギリまで借り、さらに闇金融からも借金をします。やがて闇金融から催促の電話が青年の職場に入ります。すべてのことは白日の下にさらされ、会社からは即座に解雇されました。当然のことです。解雇された日、彼の持ち物を確認したところ、彼は振り込め詐欺に使われる恐れのある携帯電話を所持していまし

122

た。僕は彼に厳重注意をし、警察からも指導を入れていただきました。青年の夢は、生活保護を抜け出して就労自立することでした。

「自由を手に入れたい」

と言う彼の原動力は強く、彼はついに企業就労のチャンスをつかみました。

しかし、自由には責任がともなうし、責任を果たすことができてこその自由であるということが、ここまで苦労していても分からなかったのです。否、口頭で問いかければ、彼は立派な模範解答を述べることができます。しかし、実際に行うことはできませんでした。先に述べた知行合一ができていなかったということになります。その結果、彼はその希みとは裏腹に社会生活を断念することになりました。

彼は僕に怒鳴りつけられました。しかし、怒鳴る僕も怒鳴られる青年も、身の置きどころがありませんでした。僕に頭を下げた父が生きていたら、青年に対して、なんと言うのだろうかと、僕はじくじたる思いでした。

就職するまでよりも、就職後の消費生活のほうが難しい問題をはらんでいる場合があります。この青年は、まさにそうでした。自分に管理できる範囲を知り、それをある予算の範囲内でやりくりすることが、就労自立の基本です。その範囲は、その人の金銭管理能力によって決定されます。１ヶ月なら１ヶ月という期間で、生活に必要な物を買いながら生きて行くということは、通常それほど余裕のあるものではありません。無駄遣いや贅沢を控えても、貯金に回せる分ができるかできないかといったところでしょう。

お金を稼ぐだけでなく、使うときにも倫理観が必要だということを、僕はこの青年に浸透させることができませんでした。また、就職して、退所したあとの定着支援において、生活保護という枠組みが外れたあと、直ちに見通しと予算という新たな枠組みを立てて、その範囲で生活できるようにすることもできませんでした。「たら」「れば」の話はあまりしたくありませんが、この青年が子どもの頃、消費生活の教育や訓練をしっかりと受けていたとしたら、どう違ったのだろうか……。今でも過去を思い出しながら考え続けています。

## ④ 職業適性・専門知識編

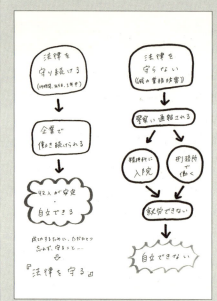

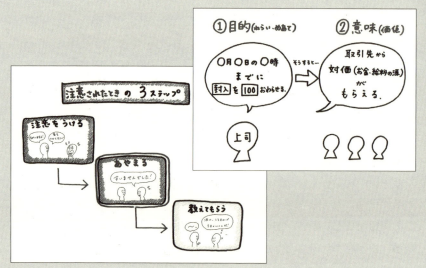

第 4 章 青年期に向けて

第5章

# 環境と支援の
# 留意点

# 1 ● 環境設定

## 「習うより慣れよ」を実践できる支援環境

　人が社会の中で役割を持ち、張り合いのある生活を送るためには、多くの人々と支え合う必要があります。当然ですが、知的障害や発達障害があっても事情は同じです。違うところがあるとすると、支援者と呼ばれる種類の人と出会うことであり、その出会いの質が存外影響を及ぼすことが多いということです。

　運や偶然や縁は、しばしば人生を左右しますが、僕らが対象にする人たちがこれに左右される割合は平均的な人よりも大きいと言えます。切ない話なのですが、これが現実です。それゆえに、親や家族や教育者も含めた支援者の姿勢が重たく問われるということになります。

　働くということは、生産者として社会に働きかけることです。支援を受ける側がすべきことは、『働く→稼ぐ→消費する』という一連のサイクルを、自己管理できる範囲から実行して、社会に対する自らの役割を確認することです。前章でも述べて来たように、知行合一の状態を作らなければ、知っているうちにも入らないわけですから、机上の論よりも『習うより慣れよ』『論より証拠』の精神が重要になります。

　この過程をナビゲートするのが、支援者の役割になります。問題は、このようなナビゲートの実際が分かっていない施設や支援者が大勢存在するということです。単純自明なことであるがゆえに、あえて語られず、蔑ろにされている部分なのかもしれません。否、蔑ろにしているということ自体に気づいていないことが多いと思います。したがって、実効性のある教育や訓練を行うための環境設定が大切になります。『習うより慣れよ』と言えるような環境が必要なのです。繰り返しになりますが、僕は、教育も訓練も、知行合一を目指します。そうなって行かないプログラムについては、当座の間、優先度の低いものとして処理します。

第 5 章　環境と支援の留意点

　自動車の運転をする人は分かると思いますが、目的地が決まっていても、若葉マークの初心者であったり、初めて行く場所であったり、新しくできた道や迂回路を使うという条件があったりすると、直面する状況に対応して行くので精一杯になります。そして、本来行くべき方向を見失ってしまうことがあります。あるいは、単純に急いでいるという事情があると、今度は目の前にある事象を無視して突っ走り、事故になったり、白バイに捕まったりしてしまいます。運転免許を取得する際に、講義を聴くことやシミュレーターを操作することをいくら繰り返しても、公道上で自動車を目的に沿って操ることの実際は分かりません。しかし、路上教習に出た瞬間、状況は一変します。

　僕らが就労支援というものを考えるとき、これと似たようなことを考えます。免許取得のプロセスにおいては路上教習が必須であり、ペーパードライバーから本物のドライバーになるためには公道を走行する経験が欠かせません。その際、助手席には信頼できる先輩ドライバーが座っているものです。彼らは、ときに口喧しいほどに指導をするでしょう。危険であると判断すれば、補助ブレーキをガツンと踏むことだってあります。路上教習に使われる自動車が何であれ、自分の運転で、道路交通法という法律の縛りがある公道を走ってみることこそが大切なのです。

　同じように、就労自立に向けた訓練は、支援付きの実体験を訓練の主軸に置き、即時フィードバックを主たる支援にすることが求められます。効果を上げるために、講義的な部分やシミュレーター的な模擬練習は最小限に留めることになります。例えば、就労移行支援事業所や職業訓練校で過ごす時間の大半が、ワークサンプルや取引先のない作業と机上での聴講、ロールプレイに使われるとしたら、それは、畳の上の水練にすらならないでしょう。

　社会の中で働く心構えは、社会的な責任を負いながら働いてみない限り作れません。これは僕らでも同じことです。僕は今、一端の社会人として働いています。割と専門的な職業に就いていると言えるかもしれません。その僕自身が、どこで仕事に向き合う姿勢やら基本的な考え方を身体にしみこませたかと言うと、学生時代にやった、引っ越し・運送業者や飲食店でのアルバ

129

イト経験です。これらの仕事や作業は、教育や福祉とは何の関係もありませんが、社会に出て働くという括りで言うならば、しっかりと通底しています。その通底した部分こそが、就労準備性の中で最も重要な土台に当たるのです。平均的な大学生が4年間のうちにする就労準備のうち最も大切な部分は、アルバイトをして責任を持って働く経験によって整えられると言っても過言ではありません。障害があっても、同じような経験は必要です。その経験を無謀でない形で保障することこそが、福祉における職業前指導の真髄になります。

　もう少し具体的に言いましょう。学校卒業前に就職を決めて、卒業と同時に社会人になるケースは除き、卒業後に一旦訓練を経て企業に就職しようとする人を支援する場合、職業生活を継続するための基礎土台を作ることにねらいをしぼる必要があります。ある就労移行支援事業所では、「社会保険労務士の資格取得を支援します」「ヨガとフィットネスのプログラムがあります」など、随分と多岐にわたる内容を宣伝広告に載せていました。多くの対象者は、知覚した情報を脳内で意味あるものとして統合する機能に障害があるのですから、その人における中核課題から外れた（ずれた）プログラムが多くなればなるほど、その場や行われていることの意味を理解することができなくなり、混乱したり誤認したりして、本来の筋から外れてしまうでしょう。資格を取ること＝就職することだったら正解なのでしょうが、そんなことはありません。これでは、障害のない人が使ったとしても、よほどしっかりした人でない限り、目的から逸れてしまうでしょう。公的な就労支援が、税金を使ってそんなことをやっていてはいけないと思います。

　2年前後を目安に企業就労を目指すための環境設定として大切なのは、学生時代と社会人になってからの生活がまったく違うということに注目し、その温度差を埋めるためのプログラムを中核に据えることです。僕らのような訓練施設は、この温度差が最大の敵であるということをつねに意識し、温度差を埋めるためのプログラムに何が必要なのかを知りつくしている必要があります。限られた時間でこれを達成するための目標として、まずは、次のことにねらいを絞る必要があります。

第5章　環境と支援の留意点

---

⑴毎日働く体力をつける（運動能力ではなく、堅気の生活を続ける体力）

⑵午前・午後を通して働く体力をつける

⑶給料は取引先からもらうものだということをつねに意識する

⑷今日やることは、取り組んでいる作業の納期から逆算して決まるということを意識する（社会人としての時間管理）

⑸同僚や上司との協働作業（チームワーク）を覚える

⑹支援者は、個々に違うボトルネックを見つけ、それに対処する

⑺支援者は、事前の警告と即時フィードバックと事後の反省・対策の提示を繰り返す

---

　訓練施設は、以上7項目の目標を叶えるため、以下のような環境設定をする必要があります。

---

①週5日出勤して、毎日仕事に従事することができること

②昼休みをはさみ、午前・午後とも仕事に従事できるような環境であること

③労働の成果を意識しやすい作業があること（従事する仕事には、金銭的な報酬の約束があること）

④顧客の依頼内容とノルマがはっきりしていること

⑤上司や同僚との協働（チームワーク）を意識しやすい作業や配置であること

⑥きめ細やかな個別設定が可能になるように、ノルマや工程の調節がしやすいこと

⑦失敗やミスに対して、即時フィードバックがかけられる作業であること

---

　以上のようになります。上記の条件を満たすものを考えたとき、パソコンスクールやカルチャーセンターのようなプログラムを主軸にするのは論外と

131

いうことになります。基本的には、毎日働く環境が最低限必要です。これを突き詰めたものが、施設外就労という形式です。職員と共に一般企業の中で、そこの社員さんたちと一緒に働くということを繰り返す中で、さまざまなことを身につけて行くという環境設定です。これは、僕がこだわり続けてきた形なのですが、ある程度の段階まで来た対象者に対しては、絶大な効果があります。一般企業の中で、そこの社員さんたちと一緒に働くわけですから、より一層実践的で緊張感のある経験が積めるのです。

　一方で、気をつけなければいけないこともあります。就労移行支援事業所のような短期間に成果を出すことを目的とする場であれば、一般企業のように営業さんが取って来た仕事を現場が断われないような環境ではいけません。支援の肝は細かい個別のノルマの調節をしながら、段階的に、働く力を身につけてもらうことですから、入って来る作業量を調節できないような形にしてしまうと、結局はオーバーフローした作業を職員が処理するような形になり、指導支援どころではなくなります。そうなると、一人ひとりに配慮した細かなノルマ調節ができなくなってしまい、訓練として必要な柔軟性が失われてしまいます。あくまでも、僕らの本業は就職に向けての訓練です。入って来る作業の利益で生活することが目的ではありません。

　また、訓練対象となる人たちは、幅広い特性や準備段階の人たちです。加えて、ある程度仕事ができるようになった対象者については、早々に良い職場を探して就職を決め、退所してもらうということが最優先すべきことになります。つまり、一所懸命就職に向けての支援を行っていればいるほど、事業所全体としての作業能力は短期間に大きく変動することになります。この変動の大きさは、単純に人数で把握できるものではありません。一般企業の感覚で仕事を持ち込まれてしまうと訓練にならなくなるので、支援現場側に訓練として導入する仕事の質と量を選ぶ権限を強く持たせる必要があります。企業就労に向けての訓練を行う施設というものは、ひたすら現場主義であることが求められるのです。

　支援者側がすべき一般的準備として、まずは、上記のような土台作りが可

第5章 環境と支援の留意点

能になる環境設定こそが、最優先すべき事項であると言えます。同時に、就職を自指す人や家族が訓練施設を選ぶ場合は、第一義的な意味で、上記の条件が整っているかどうかを確認する必要があります。

　以上は、環境設定という視点から考えた支援の形です。しかし、形を作っても魂が入らなければ期待される任務を果たすことはできません。魂とは支援にあたる人のことです。ある作業を通して、何をどう伝えるかは、その作業に直接従事する人次第です。その人に求められることを以下にまとめたいと思います。

# 2 ● 就労自立に向けて　指導支援の勘どころ

**支援者として①　感じる→寄る→関わる**

　支援者としての役務を果たせる人には、共通する優れた点があります。それは、対象者における失敗や成功の原因について、障害を持つ当人以上によく知っているということです。その支援者は、支援する対象の身に起こるであろうことについて、高い精度で推測できるセンスを持っています。それは、単なる勘ではありません。ちょっとした様子から特徴と本質をつかみ、現象として出てくることのからくりを見破ります。これを眼力と言います。眼力を高めていくためには、ひたすら優れた実践に触れ、自らも実践していく以外にないのです。

　写真家の篠山紀信さんが、いい写真を撮れるようになる方法について、

「ハッと感じたら、グッと寄って、バチバチ撮れ！」

と言っていたのを聞いたことがあります。僕には写真の心得などありませんが、篠山紀信さんの言葉は僕の携わっている職業につながるものがあると思います。僕らの仕事も同じで、対象者を観たとき、当人の就労自立を阻む原因についてハッと感じ、グッと接近し、効果的なアプローチをかけるというのが大体の流れです。さらに、僕たち支援者は、アプローチした結果につ

133

いて、しっかりと検証する必要があります。確認すべきは、形として望ましい変化が出ているのかはもちろんのこと、できるようになったことが社会とのつながりを強め、本人の誇りになっているかどうかについてです。表情に現れにくい子ども（人）もたくさんいますが、その子（人）の全体的な雰囲気を観て、できるようになったことが本人の中にどういう意味を持っているのか、あるいは持ち得るのかを感じとることができなければいけません。

　ここでは、その中でも支援者側にとって最も大切な、ハッと感じるべきところを中心に、書いて行きたいと思います。

## 支援者として②　「ハッと感じる」べきところ

　グッと寄って、バチバチ撮れ！　は分かります。問題は、「ハッと感じたら」のところでしょう。ハッと感じなかったらグッと寄ることもないでしょうし、バチバチ撮ろうにも対象の選択に失敗して、無駄撮りになってしまいます。

　まず大前提として、就労自立というテーマから逸れずにフォーカスする必要があります。ある有名な就労移行支援事業所の中には、このテーマと相反することを堂々とやっているところもあります。例えば、コミュニケーションをとるという名目で、管理者と知的障害の利用者が積極的に LINE を交換し、それを使ってお互い一緒に夜な夜な共有ゲームをして遊んでいるそうです。利用者さんのご機嫌取りでもしているとしか思えません。こともあろうに、その管理者は若い職員に対して、同じことをやれと命じているそうです。嘘であってほしいと思いますが本当の話です。

　このような関わりが就労自立を目指すコミュニケーション能力向上の手段として不適切であるということは、考えなくても分かることです。論外の例ではありますが、似たような筋違い支援は多数あります。なぜこういうことが起こるのでしょうか。一つには、利用者さんのご機嫌を取って明日も来てもらい、事業所からの請求金額を上げたいからでしょう。日銭を稼ぐというやつです。そうではないとしたら、対象者がなぜ就労自立という夢を掴み

第5章　環境と支援の留意点

切れずにいるのか、支援者側にその原因を察知する能力がないからでしょう。こういう施設で働いていると、良い素質と感性を持った若手職員の「ハッと感じる」能力は伸びないどころか、間違った方向に進んでしまうか、つまらない仕事であると思い、そのうち退職してしまうでしょう。ハッと感じる能力を向上させたければ、その能力に優れた人の実践を肌で感じたり、スーパーバイズを受けたりすることが大切になります。

　就労自立というのは、つまるところ保護的ではない社会で働き暮らすことに他なりません。支援の濃度は圧倒的に薄く、そこでは、個人資格として自ら律する力を求められます。支援の濃度が薄くても、就労自立という形での社会生活を継続するためには、情況判断能力と自己コントロール力を上げる必要があります。しかし、それを阻害する要因が、自立を目指す人の中にはたくさんあるのです。それについて「ハッと感じる」ことが肝要です。

　以下に、支援者や教育に携わる大人たちに、ハッと感じてもらいたいことを列記し、若干の事例と解説を加えて行きたいと思います。

### ヤマアラシのジレンマ

　心理学の用語に「ヤマアラシのジレンマ」という言葉があります。「近寄りたいけれど、近寄り過ぎて傷つきたくない」「離れたいけれど、離れすぎて孤立したくない」という、人間関係の難しさを山嵐という動物の例え話で表現しています。この話、自閉症の子どもたちと関わっていると、言い得て妙だなと思ってしまうのです。次の事例に出てくるゲンちゃんなどは、まさにそんな子どもでした。

　僕はときどき、保育園の先生方の研修を引き受けることがあります。幼児や児童に関する研修を引き受けると、いつも思うことがあります。それは、これらの年齢層を対象にするプロたちのうち、僕のような者に声をかける先生は、

「子どもは、適切に教育すれば成長するもの」

「今みている子が大人になったとき、張り合いを持って生きて行けるように

135

したい」

　という思いや気概を、強く自然に持っている先生が多いということです。ですから、やる気十分の先生たちを前に、僕も必死にならざるを得ません。

　ある年のこと、難しいと言われるやんちゃな子ども（発達障害児）を積極的に受け入れている、すばらしい保育園の研修を引き受けました。その年の研修で最初に登場したのは、ゲンちゃんという５歳の男の子でした。診断名は自閉症スペクトラム（高機能）。入園から５歳の春まで、先生たちや親をとことん振り回してきました。そして誰よりもゲンちゃんが、そういう自分に振り回されてきました。なにしろ、走り回って日課に乗らない。お昼寝しない。水道の蛇口レバーを片端からへし折る等々。

　縦横無尽とはこのことです。サイズが小さいとはいえ、成人施設における強度行動障害と言われる人たちも顔負けの目立ち方をしていました。そのゲンちゃんとどう付き合うか、それを先生たちに提示するのが僕に与えられた仕事でした。

　先生方は悩みます。

　怒っていいのか？

　そっとしておいたほうがいいのか？

　彼は何を思っているのか？

　（しかし、いい悩み方だな）

　と思いました。それは、保育園全体として、ゲンちゃんを受け入れて育てていくという覚悟があり、ゲンちゃんに成長してもらいたいという願いが、悩みと思考の起点になっているからです。

　ゲンちゃんの母さんは、平均的な共働きの親などと比較しても、はるかに厳しい条件の中で、ゲンちゃんを育て続けています。その母さんも、参加できるときは保育園に来て、僕の話を先生方と一緒に聞き、議論に参加しました。

　僕は、ゲンちゃんの様子を見て、

「将来、ゲンちゃんが社会生活を送っていくために、身につけておかなければいけないことは、他の子と何ら変わりないよ」

第5章 環境と支援の留意点

と言いました。成人の就労支援をやっていれば当たり前に分かることですが、高機能自閉症と言われるゲンちゃんが大人になったときのことを考えると、これはプログラムの前提条件になります。何のための教育訓練か？　というところです。この前提が揃わないと、以降、筋の通らない教育訓練が繰り広げられ、18歳を迎える頃には、モンスターか廃人かという感じになってしまいますから、責任重大です。

それと同時に、僕は、

「しかし、手間暇がかかる。回り道もする。でも、ゲンちゃんはすごく健気に頑張っている。そこを解ってあげることが先決」

とも言いました。そして、何がどう回り道になるのか、どんなふうに時間がかかるのか、健気に頑張っていると断言する根拠は何か、僕は、毎度毎度の先生たちから投げかけられるいい質問に答え続けました。

ゲンちゃんは、とにかく企図されたプログラムに乗って来ません。お遊戯でもゲームでも体操でもそうです。運動会なんて聞いたら、一目散に逃げていくタイプです。しかし、よ〜く見ると、運動会の日、雲梯の上に登って、それとなく遠巻きに運動会の様子を見ているゲンちゃんの姿があるのです。体操でもゲームでも、大抵そうなのです。でも、一緒にやろうよ、程度の声かけではますます遠くへ行ってしまいます。そこで、先生方がプロとしてゲンちゃんの教育に関わる条件として必須なのが、このようなゲンちゃんの姿を見たときに、

（ひょっとしたら、一緒にやりたいんじゃないか？）

と、ハッと感じるセンスなのです。これがないと、関わり合いが始まらないからです。このセンスばかりは、本を読んでいるだけでは身につかず、いい実践を目の当たりにして、それを肌で感じながら自分のものにするしかありません。僕は、二の足を踏んでいる先生方に、

〈ゲンちゃんは、参加したがっている。皆と一緒にやりたいはず〉

と、断言しました。すると、現場の先生方の表情は一気に輝きを増し、

「そう言われてみれば……」

137

「こんなこともあったっけ……」

　と、いくらでもエピソードが出てくるようになります。

（さっすが現場！）

　現場大好きな僕は、先生方と談笑しながら、ほくそ笑んだものです。ここまで来れば、あとは技術的なことになります。逆を言えば、ここまで来ないと、技術を語っても意味がなく、下手をすると、技術が「ウマとシカにハサミ」になってしまうのです。

　その後、ゲンちゃんが体操に参加するときにどうやって応援するか、ゲンちゃんがお昼寝をするときの誘導方法、ゲンちゃんが友達遊びをするときに非常に斑のある行動をとることの理由と対策、等々、僕は次々と先生方の質問に答えて助言をして行きました。園長先生以下、現場の先生方は、気持ちいいくらいに『即実践』という姿勢でした。

　先生方の奮闘努力の甲斐あって、やがてゲンちゃんは、お昼寝ができるようになり、日課から逃げなくなりました。何よりも良かったのは、ゲンちゃん自身の満足感がヒシヒシと伝わってくるようになったことです。先生たちの発言内容が、ゲンちゃん側にグッと近くなってきたのを感じ始めた頃、ある先生が、

「ゲンちゃんが、ひとりの子どもとして見えてきました」

　と発言しました。

（凄いな……）

　僕は感動させられました。ゲンちゃんが、精神的に大きく成長し始めたのもこの頃でした。

　やがて一大イベントである運動会が近づいてきました。鬼門です。今までゲンちゃんは、この行事にまともに参加できたことがありませんでした。練習も本番も、ひたすら関係ないところへ向かって走り回り、隠れ、高いところに上っては棒を振り回すという派手なパフォーマンスぶりで、お話しにならない大騒ぎだったといいます。

　確かに、去年までのゲンちゃんの態度を観れば、表面的には『拒絶』とも

受け取れます。僕が先生方にいろいろと言い始めるまでは、先生方も、

（もしかしたら、ゲンちゃんは参加したくないのかも）

と躊躇した見かたをしていました。しかし、今度は違います。

（ゲンちゃんは、仲間集団に溶け込みたいはずだ）

と、先生方は実践を通して確信していました。すでに先生方は、ゲンちゃんの気持ちや努力を察することができるプロ集団になっています。ゲンちゃんが、『拒絶』という表面的行為の裏で、そこへ溶け込むことを夢見て身を焦がしていることに気づいています。先生たちはさまざまな技術を駆使して、ゲンちゃんとの関わりを続けました。

運動会が間近になったある日のことです。お昼寝時間に、ゲンちゃんはこっそりと先生に打ち明けました。

「ぼく、運動会楽しみなんだ……」

果たしてゲンちゃんは、運動会を友達たちと一緒にやりきったのでした。走れなかったトラックを走り、集団のダンスを踊り、見事なまでに主体的に参加しました。

母さんは、

「ゲンは運動会の前の日も、『楽しみなんだ』と言って、私に出し物のダンスを踊って見せてくれて……。始まったら、周りの子を励ますくらいに張り切っていたんです。あの子が、あんなにできるなんて、思わなかった」

と、涙していました。その場にいた僕は、もらい泣きを隠すのに精一杯でした。

（いーぞ、ゲンちゃん。よく頑張った！）

心の中でガッツポーズです。

僕が研修を受け持ったばかりの頃、保育園の先生がたは、ゲンちゃんが卒園式を迎えられないのではないかと心配していました。卒園できるのかどうかという心配と、卒園にこぎつけたとしても、式への参加を拒否するのではないかという心配です。しかし、その卒園式も、ゲンちゃんにとっては不安の対象ではなくなっていました。彼は、胸を張って誇らしげに式を終え、有

終の美を飾ったのでした。

　人として社会の中に生まれ落ち、そこで成長する醍醐味を、学齢期前の黄金時代に味わうことができたゲンちゃん。きっと、苦労してヤマアラシのジレンマを超えた経験は、彼が先々人生をやって行く際の基本方針になるはずです。そういった意味で、保育園時代の経験は一生の宝物になったことでしょう。

　ゲンちゃんにとっても、母さんにとっても、先生たちにとっても。


## 目的の共有

　他者との間で意味あるやり取りを行うための前提条件で、共同注意とか共同注視などと言います。また、ジョイントアテンションなどというカタカナ言葉も有名です。平均的な発達の子であれば、生後9ヶ月位で出現する指差しとか、親の視線を追いかけるとか、親の評価を参考にするためにその顔色を伺うような行動のことです。自閉症の子は、放っておくとこれが育ちにくいようです。

　実は、総合的なIQの数値に関わらず、15歳になっても、これが不十分な状態の子は多いのです。僕らの就労支援（訓練に先立ってのアセスメント）を受け始めるときに初めて重要な課題として指摘される場合すらあります。そういう人は、知識やスキルをたくさん持っていて、普通高校を卒業できるレベルでも、社会への扉が開かれていない（社会性に欠ける）状態なので、頭でっかちの印象を与えます。

　あるいは、自分勝手、屁理屈をこねる、という悪評をもらって自己評価を落としているか突っ張っているかのどちらかであったりします。仕事に限らず、他者と一緒に何かを行う場合、目的が共有できなければ上手く行くわけがありません。こんな当たり前のことができていないことに気づかないまま高校を卒業するのですから、当人は大変です。

　実は、他者と目的を共有したければ、ある具体的な手続きが必要なのですが、意外にも、それをきちんと身につく形で教えてもらえる機会は少ないよ

うです。しかし、それほど難しいことではないので、教えられてできるようになってしまえば、ある程度まで、その子（人）の社会性は伸びていきます。第4章の『集団生活への参加』という項（107〜113頁）で事例として挙げた裕次郎のケースが、これに該当します。

　最初にチェックするポイントとしては、指示者側が協働作業について本人に指示をするときに、本人が指示者の顔を見ているかどうかというところです。多くの場合、これができていません。したがって、作業手順を教える以前に、人とやり取りをするときの手順を伝えるところから入ります。第一に、相手のほうを向き、身体を静止させることを求めます。同時に、相手とアイコンタクトをとることも求めます。中には、30年以上もこれができていないまま暮らして来た男もいました。彼は「余計なことばかりする」「目に入ったものに飛びついてしまうので、危険だし作業の邪魔になる」と散々の評価をもらい続けて来ましたが、僕らのところへ来て、そのことが最優先課題であると指摘されました。すぐに日常の中で該当する場面ごとに実践し、それができるようになりました。その頃から、その評価は180度変わり、「頼りになる男」として就職を目指すようになりました。

　支援者のセンスと戦力・作戦・戦術にもよりますが、この二つ（相手のほうを向き静止し、アイコンタクトをとる）ができるようになるために要する支援期間は、1ヶ月も必要ありません。ただし、最優先の課題として一緒に意識して、日常生活の中で必要に迫られるような形で実践する必要があります。つねに事前の警告と事後の反省をして行くことが重要です。しつこいようですが、ロールプレイで訓練してもその場限りになってしまうことが多く、お互いに「やったつもり」になって終わってしまう可能性が高いので、作戦としてはおすすめできません。どのような訓練プログラムも、最終的に日常生活行動の中に反映されていなければ無意味です。


## 自己コントロール力

　僕は宗教家ではありませんが、以前気まぐれで、東京都重要文化財に指定

されている、通称『目黒のらかんさん』（天恩山五百羅漢寺）を見に行ったことがあります。そこで「なるほど」と唸るような、たくさんの言葉と出逢いました。何しろ、お釈迦様の時代から膨大な時間による風化に耐えて伝わってきた言葉たちですから、僕などがいう言葉と違って迫力があるのです。その中でも自分の仕事に直接通じると思った言葉があります。それは、

「おのれを制御できる人ほど自由である」

　という言葉です。障害があってもなくても、これは同じだと思います。

　僕らの仕事（就労自立支援）においては、対象者が、その人自身の動作イメージを持って、自身の情意や行動を制御できるようになることを目標にします。障害が厳しくなればなるほど一緒にいる人との関係が自己コントロールできるための重要な要素になってきますが、理論的には、どんなに障害が厳しくても、『ある人』と一緒であれば、おのれを制御して社会参加する自由を獲得できると思います。『ある人』がいなくても社会参加できるのがベストなのでしょうが、実際には、程度の差はあっても、これが必要なことのほうが多いようです。例えば、「職場（以外の場所）に理解者がいたから、ここまでやってこられた」何ていう感想をよく耳にします。そのくらい、行動規範になるメンタル・イメージ（心像）が、『ある人』と結びついていることは多いようです。考えてみれば、行動規範は何もないところから煙が立つように出てくるものではありません。人伝えに分かることなのです。結局のところ、障害の程度に関わらず、人が介在してメンタル・イメージを持ち、それを保ちながら自分の行動を制御するという構造は一緒のようです。

　僕らが日々やっている闘いは、就労自立を目指す本人が、そのメンタル・イメージでおのれを制御できる割合をどこまで増して行けるようになるかというものです。瞬間だけを見ると泥仕合のようにも見えますが、積み重なると少しずつ自立度（自律度）が上がって行くのが分かります。これは、やっていてお互いに楽しいものです（もちろん、大変だけれども）。

　僕らの支援を直接支援から間接支援に漸次切り替えて行くとき、すなわち、就職して職場におけるナチュラルサポートの中で働くことを決意するとき、

第5章　環境と支援の留意点

僕らは就労自立を目指す彼や彼女が、実社会の中でどの程度自律できるのかを評価（アセスメント）します。比較的厚い個別配慮を得られる職場から、ほとんどそういった配慮のない職場まで、雇用する用意のある職場の中から、評価に基づいて適職場を見つけ出します。

　この選択条件は、ライセンスや資格や専門技能・知識の有無とは無関係です。なぜなら、企業側が気にするのは、それ以前の人間力だからです。彼や彼女が社会参加するときまでに、どこまで自己コントロール力を高められるかが、社会参加を目指すときの『選択の余地』を広げる鍵になることは間違いないようです。


### 忍耐力（苦手への対処）

　平成29年6月に、広島県の特別支援学校の生徒である中学生が、面識のない5歳の女の子をスポーツセンターの2階から投げ落として大けがを負わせてしまう事件が起こりました。警察の取り調べに対し、男子生徒は、

「女の子がまとわりついてきて、腹が立った」

　と容疑を認めているそうです（平成29年6月6日現在）。同時に、この中学生は、

「大変なことをした」

　とも言っているそうです。

　第一に、女の子と家族にとっては、大変な災難で、心中察するに余りある出来事だと思います。

　一方、この中学生についてはどうでしょうか。僕は警察官でも裁判官でもありません。したがって、その立場での意見をここに書くことはしません。ここでは僕の立場における各論を書きたいと思います。

　中学生は、普段から身体接触が苦手であったという情報もあります。感覚過敏があったことは間違いなさそうです。一般的な世論を観れば、

「そんなに触られるのが嫌なら、大勢の人が集まる場所に行かなければいいのに」

143

という意見も多いようです。この中学生がどういう経過で今に至っているのかは知りませんが、発達途上の経過措置としては、大勢の人が集まる場所に行かない、という判断もありえます。それはなまじっかの人権派が言う「完全参加と平等」よりも、よほど本人に利する措置かもしれません。ただし、すべての措置は、時と場合によります。

　いろいろな角度からの切り込み方があるかとは思いますが、この本では、就労自立を目指した関わり方という視点でお話を進めて行きます。この事件で「感覚過敏」という問題が多少なりともクローズアップされることになりそうですが、これについても、例えば偏食が粘り強い訓練により概ね解消され、健康的な食生活を送れるようになる発達障害児もいるわけですから、永久不滅の問題だと決めつける気はしません。条件によっては、その人の感覚過敏が周囲から見てまったく気づかない程度にまで落ち着くことは十分にあり得ることだと思います。これは、僕自身が指導者として訓練に携わってきた経験からも言えることです。


　ティーンエイジャーの健太は、人混みを異常に嫌う男でした。騒いだときの特徴は大きな声です。

「うわぁーーーーー！」

　という、言葉にもならない喚き声が、留まることなく出続けるのです。その声は、100メートル先までも十分に聞こえる量であることが実証されています。パワー溢れる17歳は、人混みだけでなく、周囲が騒がしくなってくると、すぐに不穏になります。鼻息が浅くて荒くなり、目が虚ろになり、今にも大声を出すぞという緊迫感に満ち溢れてきます。

　ある日、熱意のある若い職員が、思い切って繁華街に彼を連れて行き、見事玉砕して来たという例もありました。戻ってきたときの気落ちしたペアの様子は痛々しく、暴風雪の中を彷徨歩いてきた遭難者のようでした。そんな状態でしたから、最初は、健太が会社の中で働いて来るとか、人混みの中に出て行くなどということは考えられませんでした。しかし、数ヶ月後に僕は、

第5章　環境と支援の留意点

健太と一緒に会社の中で働いてきたり、休日は仲間たちと一緒に繁華街を歩いてウインドウショッピングして来たりできるような間柄にまでなりました。

　健太が苦手な場面をやり過ごせるようになるために、一体どんな訓練をしたのかと訊かれることがあります。単純化してまとめてみるとこんな具合になります。

①僕が健太の苦手な情況や場面をよく知る。
②健太と僕とで、彼が苦手な場面に突入する。健太が苦手な場面と遭遇する場合、僕は事前に察知する。
③健太が予期不安から崩れぬように、平然と、あたかも何の心配もないような顔をして（実は相当心配だけれども、その心配をおくびにも出さずに）、健太と僕との精神的な距離を縮める。
④健太の鼻息が荒くなりそうだったら、僕がそれを察知する。（大体、健太の眼が泳ぎそうになったときが危ない。）
⑤察知したら、その情動反応と拮抗することを健太に要求する。目が泳ぐようなら僕のことをじっと見つめさせるし、体のどこかに力が入ってくるようなら、そこの力を抜かせる。
⑥⑤の結果を見ながら、その先の展開を決める。
⑦途中、大騒ぎになるかどうかの予測を高い精度で立て、条件として厳しそうなら撤退する。
⑧撤退した場合でも、撤退直前までのところまで進めたというプラス評価で終えられるようにする。
⑨基本的には、撤退ではなく目的達成に向けてアタックする。
⑩成功したら、約やかに喜ぶ。

　以上、①〜⑩までの手順は健太を応援するときの基本型です。行動療法の世界では、フラッディング法や系統的脱感作法というものがありますが、本書は行動療法の本ではありませんので、そこには触れません。ただ、そうい

145

った理論は、健太と僕が過ごしたような『日常生活』の中で「習うより慣れよ」と言われながら実践されている作業群から抽出されたものだということは覚えておいたほうがいいでしょう。もし、この関わり合いを行動療法という文脈で捉え直したとしても、それが成果を上げるための前提条件は共通です。読めば分かるように、健太が相当危ない状況にあっても、僕の指示が彼に聞き入れられるという関係が、成功の絶対条件になります。この関係は、何の努力もなくできあがるものではありません。お互いが隣人としてやって行けそうな感覚を掴むまでには、当たり障りないことばかりやっていてもらちが明かない場合も多いのです。

　健太の場合、肌感覚からして過敏です。山嵐じゃありませんが、イラついたり緊張したりすればするほど、過敏さが増強されるのです。まずは、僕がその事情をよく知ることが大切です。その上で②以降の関わりを断行します。その結果⑩を達成したときの喜びは、間違いなく生きて行く上での糧になります。張り合いを持って生きるということは、こういう達成感を得ながら生きることだと思います。

　彼の場合は、障害が重度で、彼の側からは言葉も出ませんので、物事が上手く行く行かないの条件として支援者と物理的に接近した関わりの占める割合がかなり大きくなります。軽度になってくると、支援者の関わり方として、対象者との間で考え方とか受け止め方を調整する場面が多くなってくる印象です。言葉という多義的なものを使ったやり取りが増える分、受け止め方の幅が増え、物理的な距離感は重度の対象よりも離れます。逆に、そうであるがゆえの難しさも増して行きます。しかし、知的障害の程度によらず、基本は同じだと思います。

　第1章の第3節に出てくる女性の例（22～23頁）を参照してください。彼女の聴覚過敏は、彼女の決意と実践で、見事に飼いならされました。もちろん、誰もが彼女のように鮮やかな成長を遂げるとは限りません。素質の差もあれば環境の違いもあります。それを踏まえたうえで、その人が現実社会の中で張り合いを持って生きてくためには、どのようにして慣れて行けばいい

第 5 章　環境と支援の留意点

のかという視点は必要だと思います。また、その段階に応じた社会参加の形があるというふうにも思います。段階ということは過程ということですから、その人の状態像を固定的に捉えることなく、発達する障害者として関わるのが支援者の役割でしょう。

## 出力調整

　朝、電車に乗るために、自転車に乗って駅まで行くことを想像してみて下さい。まずは、乗る電車の時刻に合わせて、それに間に合うように家を出ます。急ぐ必要がある場合、自転車をこぐスピードを上げるでしょう。途中、赤信号があれば止まります。そのとき、もうすぐ青になるようなタイミングなら、止まらない程度にスピードを緩めて、信号が青に変わるのを見ながら止まらずに交差点を通過するでしょう。登り坂では、その角度に応じてペダルを踏む力を強めます。下り坂ならスピードに応じてペダルをこぐことをやめ、ブレーキをかけながら下るでしょう。急ブレーキは危険ですから、カーブ・対向車・歩行者・障害物などに合わせて、かなり手前からブレーキを引く力を調節します。本当に危なければ、ぶつかりそうになっている対象に向かって大声で「危な〜い！」と叫ぶかもしれません。こういった出力調整を、外から入って来る情報に合わせて行えなければ、自転車に乗ったあなたは、駅まで安全にはたどり着きません。その内訳を見ると、外から入って来る情報の認知と、それを処理して内側から出す力の加減との二方向があるのに気づきます。さらに僕らは、力の出し過ぎなのか、不足しているのか、丁度いいのか、自分で出した力とその影響を知覚しながら、微妙な出力調整を自動的にやってのけています。

　障害のある人たちと関わっていると、上記のようなことを意識せずにやれてしまう平均的な人が、すごい人のように思えて来ます。僕らの支援対象者について言うならば、上記のようなインプットからアウトプットに至るまでの過程で、人それぞれ微妙に違った障害が認められます。どの部分に障害があって全体としての行動がまとまらないのかは、日常生活を共にしてみない

147

と分かりません。逆に言えば、働き暮らすという当たり前の日常生活に支障がある人たちなら、その生活を共にしてみることで、そこに発生して来る障害と、そのメカニズムについてのアセスメント（評価）をとることができるわけです。したがって、就労自立を目指したアセスメントをとるのであれば、支援付きで働いたり暮らしたりする中で、それを探り当てて、現実的な対策を立てて行きます。

　出力調整の訓練については、本人に情報の把握ができているのかいないのかの確認から始めます。例えば、声量のコントロールであれば、相手に伝わっているのかいないのかの把握ができていないから、コントロールのしようがないという場合があります。対面してやりとりする機会を多く持ち、フィードバックをかけます。聞こえたとか聞こえないとか、レベルゲージのような表を使って、今の声はどの位の声量だったかを伝えるとか、あるいは声が届くような体勢を作れているかどうかということを確認し本人に返します。

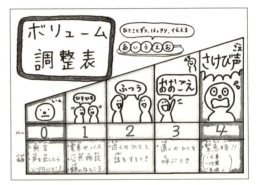

　意外にも、相手のほうを向く、相手の顔を見る、ということができていない場合が多く、基本中の基本としてこれを手順化し、実践させます。動作一つ一つがメリハリなく流れている人は、万事そんな調子です。みなさん、信じられないくらいに自分自身のことが見えていないのです。

　しかし、基本ができるようになることで指示理解と遂行能力が一気に上がる人も多く、面倒くさがらず、しっかりとやっておくべき大事なポイントだと思います。

　自分と自分の身体部位や、自分と他者との空間的な位置関係が分かっていないから、適切な出力にならない（極端になる）場合も多くあります。例えば、お尻に糸くずがついていて、それをとるように指示されると、お尻に手を持

第5章　環境と支援の留意点

って行けない人がいます。自分のお尻を自分で見る機会というのは、そうそうありませんから、自分のお尻がどこにあるのか分からないのです。そういう場合、姿見（鏡）の前に立たせても、それを見ながら糸くずをとることができません。お尻だけではなく、身体各部位の位置関係がつかめておらず、生活に支障がでているケースは多いものです。人とやり取りするときに、近過ぎたり遠過ぎたり、強過ぎたり弱過ぎたり所作が雑だったり、おっかなびっくりだったりという具合に、円滑な動作ができない場合は、疑ってみるといいでしょう。

　よく支援計画に、他者との距離感を課題とするものが見受けられます。距離感を正確につかむには、自分の身体がどこら辺までなのかとか、自分が出している力がどの程度のスピードになるのか、あるいは、どの程度の圧力として対象に影響を及ぼすのかというようなことがイメージできなければいけません。

　考えてみれば当たり前のことなのですが、自分の身体の輪郭がはっきりと分かっていなければ、自分の身体を適切に動かすことは難しいのです。例えば、自分が動くことで、相手との距離がどの程度まで縮まるのかがイメージできなければ、お辞儀をするときに頭突きになってしまったり、人とぶつからないようにするために忍者のように壁に張り付かねばならなくなったりするのです。自分が左を向くと相手はどちら側に見えるかとか、回れ右したときに相手は自分に対してどこにいるのかが分からないこともあります。自分自身の身体を動かすのに、ペーパードライバーがいきなり大型車の運転をするような苦労をしているのです。これは、精神的な距離感にも反映されてくるようです。そう考えると、ボディイメージというのは、とても重要なことだということに気づきます。

　こういったことは、日常の中で作業に取り組む際に、自分自身の前後左右上下を意識させるような依頼を意識的にしたり、模倣させるときにあえて正面に立ち、正面にいる相手の動作を自分の側に置き換えてイメージさせてみたりします。あるいは、狭い場所でぶつからないようにそーっと移動するこ

149

とを要求したりします。実際にやってみると、これだけのことで大混乱に陥る人もいるくらいです。しかし、社会生活や対人関係全般に大きく影響することですから、社会に出て働き暮らすうえで、突出した技能を身につけたり開発したりする以前に、それなりに対応できるようになっておくべきことです。

　ITリテラシーがどうのこうのと言ったって、この辺りの原始的なことがそこそこ機能しないようでは、日常的な動きに係る負荷が高過ぎて、生活がうまくいきません。そうなると、本人が社会参加をしようというときに、必然的に可能な範囲が狭まります。意識的に訓練しておくのとおかないのとでは状況が大きく変わると考えておいたほうがいいでしょう。

　一方、支援者のことを見るとき、このような原始的な課題に対して、どう向き合おうとしているか、あるいは、向き合う必要があるということに気づいているのかという視点で見ると、その支援者の力量がよく判ります。

## 応じて止まる（動く）こと

　頭についている「応じて」というところが大切です。「応ずる」という動詞を辞書で引くと、①相手の働きかけに対応して行動を起こす。こたえる。②呼びかけに返事をする。応答する。③物事の変化に合わせて、それにふさわしく対応する。適合する。と出てきます。大切なのは、外からの意味ある働きかけに対して、それにふさわしく応じることなのです。

　動きがどれだけシャープでも、それが情況にふさわしくない動きであれば、社会参加をするときのアピールポイントにはなりません。意味ある働きかけに応じた動きができてこそ、その動きが意味を持つわけです。

　僕の場合、まずは止まれるかどうかを気にします。これは、止まる意思があるかどうかということのみではなく、意思があっても止まれない場合、あるいは、その両方が「前者6割：後者4割」のように混じって、止まらないという状態像ができあがっている場合も考えます。

　前者に対しては、その必要性を本人に分かりやすく説くことに腐心します。

支援者は、単に、分かりやすく喋ればいいということではなく、これまで述べて来たことすべてを考慮していないと説明しても通じません。支援者側のコミュニケーション能力は、世間一般並では通用しないということになります。本人に伝わる言葉を手繰り寄せるように話します。また、言葉だけに頼らず、絵を使ったりして、因果関係や前後関係が分かるように伝えて行きます。

　後者に対しては、この問題を本人と共有しつつ、動作の訓練をするということになります。本人側に困り感がある場合は、速やかに共闘関係を作れますので、後は訓練技術の問題になります。止まれと言われたときに止まるという単純なことから、本人自身で、ある状態を確認したら止まるという、共通のルールを運用する形へと進めます。

　さらに、その場その場の情況を認知して、それに合わせるという難しい課題へと、段階的に要求水準を上げて行きます。仕事であれば、まずは指示者からの単純な指示が通ることを目指します。就労を目指すと言いながらも、まったく聞く耳を持っていない人もいますから、ここは支援者側に温かい迫力と気合や、タイミング良く分かりやすい評価を出していく力が求められます。これについては、支援者の資質が関係するところであるのと同時に、現場経験の中で力量を上げて行くしかない部分だというのが、僕の実感です。

　対象者が自ら両隣や向かい側で一緒に作業をしている仲間の進捗状況と自分の動きをリンクさせるということが最終的な課題となります。上手くすると、「人の振り見て我が振り直せ」を実践するくらいになることもあります。以下は、一般就労の例ではありませんが、強度行動障害のレッテルを貼られるような人でも、徹底的に訓練を積んで、そのレベルまで達するケースを僕は一再ならず観て来ました。


　真二は10代の頃、荒れに荒れ、他者や自分を傷つけまくっていました。彼は、アニメ『ONE PIECE』のゴムゴムみたいなパンチやキックと、ピラニアのような強烈な噛みつきを、苦しそうな顔で繰り返していました。単一の

原因でそういう状態になったわけではないのでしょう。

　しかし、そうなってしまうと、いまさら原因を手繰り寄せてみても、すでに行動障害が原因から分離してしまっており、当人も困り果てています。本人の動きのほとんどが古典的条件付けで占められてしまっているかのような状態になります。

　梅干しを見ると唾液が出ます。しかし、初めて梅干しを食べるまでは、梅干しの味を知りませんから、梅干しを食べたことのない人が梅干しを見たって唾液は出てきません。初めて梅干しを食べると、酸っぱいので唾液が出ます。その後は、口に入れなくても見ただけで唾液が出るわけです。本来、口の中に梅干しが入るから酸っぱくて唾液が出るのですが、不思議なことに梅干しという視覚刺激だけで唾液が出るようになってしまうわけです。それどころか、パソコンの画面いっぱいに「梅干し」という単語がたくさん並んでいるのを見ただけで、唾液が出て来てしまうのです。真二の場合、それと似たようなことが其処此処で起きていました。出るのが唾液程度なら被害も少ないのでしょうが、ゴムゴムのパンチやキックとピラニアの噛みつきだと、ガラスや食器が割れ、けが人も続出してしまいます。当人も周囲もキツイ状態でした。

　しかし、父さんや母さんの人望もあってか、そんな彼にたくさんの人が関わり、筋の通った支援が継続されることになります。通すべき筋とは、ゴチャゴチャになってしまった反応を正常化させる営みを続けることです。ゴチャゴチャを解きほぐすには、一つ一つの応答を丁寧に正確にすることを繰り返す必要があります。彼と関わる人は、彼がどの程度の情況までを処理できて、どの程度の情況から思考の及ばない条件反射行動になってしまうのか、その時々で違ってくる閾値を瞬時にかぎ分けて働きかけの強弱・深浅・濃淡を調節します。目標は、一般的な生活であり、そこに至る過程として刺激の調節をして行きます。この調節が弱腰でなく、本人が頑張って乗り越えられたと思うような結果を出せる支援者に、対象者の信頼は集まります。おべんちゃらを言っていても、信頼関係はできないのです。

152

第5章 環境と支援の留意点

　やがて真二は、企業内で職員と一緒に働くようになり、ご飯時や外出時には、マナーなどを気にしだすようになります。正しいふるまい方を確認しようとして、横目でそーっと仲間の様子を伺いながら自分の行動を修正する技も覚えました。僕も、そんな真二を応援するメンバーの一人として、彼と寝食を共にしたり、一緒に働いたりしていました。平凡な努力を繰り返すことはすなわち非凡であるという語りを聞いたことがあります。真二の場合は、非凡な努力の積み重ねで、平凡に近い日常を手に入れたのかもしれません。まさにそのような日々の積み重ねだったと思います。

　そんな折、僕の家に二人目の子が生まれました。その子がお座りできるくらいになった頃、僕は真二やその仲間たちを（実は強引かつ唐突に）自宅へ招きました。その日、真二は僕にすすめられて、おずおずと赤ちゃんを抱っこしました。赤ちゃんのほうは平然としていましたが、真二は目をまん丸くして、おっかなびっくりでした。もちろん、生まれて初めての経験です。荒れた10代を経て、20代後半になった彼は、信頼できる人間と一緒であれば、それなりに場の空気に合わせられるようになっていました。その真二が、まんざらでもないようなホンワカ顔で、赤ちゃんと一緒にカメラに収まった写真を家に持ち帰ると、父さんと母さんは、びっくりして大爆笑したそうです。
「まさか、こんな日が来るなんてねぇー！」
　と、感慨深く話していました。

　真っ当な関わり合いを目指し、情況に対して適切に応じて行く努力を続ける中で、人は成長して行きます。畢竟、社会性を育てるというのは、適切に応じる力を育てることなのです。そこを日々の生活や仕事の中で大切にしつつ、徐々に、その生活可能な範囲を広げて行きます。僕は、そんなシーンに何度も立ち会って来ました。ある人は順調に、それなりの自立を手に入れます。また、ある人は、まさかというところで足下をすくわれ、福祉の範囲に戻ったり、法的な処置を受けたりする場合もあります。人は大人になると「法の下に平等」ですから、法律規定に応じられるかどうかということも重要になります。障害があるから分からない、ではなく、分かるように教える

153

ことこそが僕らの任務です。

　真二のようなケースを見ていると、人の働きかけに応じて適切に動くという訓練が、社会と寄り添い、その中に生産的な役割を持つための鍵であることがよく分かります。

## 聴くこと（聴いて分かること）

　聞いているだけで、聴いていない人というのはたくさんいます。あるいは、オウムのように聞いたことを再生しますが、その意味はまったく分かっていないということもあります。第4章の115〜118頁に出した佐吉の事例などは、その典型です。

　苦手なこととして「コミュニケーション」をあげる人は多いのですが、どの程度の人がその意味を知っているのか、疑問に思います。コミュニケーションとは、伝達し合うことであり、上手に喋ることがコミュニケーション上手なのではありません。実際問題、平均的な発達の人でも、いくら雄弁に語れても聴くことができない人は相手にされませんし、社会の迷惑だったりもします。聴いて理解して考えてから発信するのでなければ、うるさいだけで、社会に寄り添うことはできません。

　とにかく動きにまとまりのない人がいます。脈絡なく動き回り、何を言っても聴く耳を持たない人の場合、主体的に情報をとって考えた目標と意図を持たぬまま、衝動や欲求や刺激に対して条件反射的な動きを繰り返していることが多いものです。その場合、よく聴き分けるとか、よく見分けることが訓練の第一歩になります。ちょっとしたやり取りでも、よく観察していると、これができていないことに気づきます。この場合、聴くべき（見るべき）点がどこなのかを、しっかりと示して教えます。

　教えるときは本人に分かるような形が大切で、どういう言葉で、あるいは、どういう手段とタイミングで伝えると一番分かりやすいのかは、一人ひとり違ってきます。心理検査結果などから情報収集することも有効ですが、それだけでは分からないので、支援や指導に当たる人が実際に関わってみて感じ

ることが必要です。

　ある人は、アイコンタクトをとることを義務づけることで、一気に聴き取り能力が上がり、動きにまとまりが出ました。脈絡のない条件反射的行動を繰り返していた、頼りにならない男が、自ら指示をもらいに来て、自ら目を合わせてくるようになり、頼れる男へと変化します。それまで、刺激の少ない環境で一人完結型の仕事をするしかなかった人が、チームワークの中でさまざまな気遣いをするようになったりもします。

　最初は事前に警告してアイコンタクトをとっていましたが、2ヶ月もすると事前警告は不要になります。言われたからやるのではなく必要性を自ら感じ、相手のほうを向き、指向性を定めた上で、聴き分けたり見分けたりしてから、的確に動くようになります。

　聴きとりや聴き分けに失敗する原因は個々に違います。そのため、支援者側は「自閉症には〇〇がいい」のような教条主義に陥らないように注意しなければいけません。


**訊くこと（質問すること）**

　社会に出て働くとなると、分からないことがたくさんあります。いくら予習しても、それはなくなりません。したがって、分からないときには質問できなければいけません。

　困った場面に対応するために訊くのですから、訓練の設定として、本人が困る場面を用意することが必要になります。人によっては、実際に困っていることに気づくことが第1関門になります。なぜなら、困り感のない人には質問する動機がないからです。

　「何かが足りない」「多すぎる」「何かが違う」「どれにしたらいいのか分からない」「どこにあるのか分からない」「どこに置いたらいいのか分からない」「誰に聞いたらいいのか分からない」「どれを選んでいいのか分からない」「関係が分からない」など、日常にはたくさんの「分からない」がありますから、訓練場面には事欠きません。

ただし、ここで注意が必要なのは、「分からない」ことが分かるためには、基準が必要だということです。ある基準と比較して、何か不具合があるから分からないことに気づくのですから、基準が明示されていなかったり、基準が頻繁に動いてしまったりするようだと、分かっていないことが分かりにくくなります。つねに基準を示し、その枠組みの中で行動することが、訊くスキルを身につけるための訓練には必要です。枠組みを無視して、勝手気ままな動きをしている限りにおいては、訊くスキルは正しく身につかず、形だけ教えても質問魔を養成するだけになってしまうかもしれません。

　手順としては、実際に本人が質問しなければ明らかに困ることを用意し、困って質問して解決する、つまり、質問したら解決してハッピーになるという状況を作るところから始めます。そして、質問するべきか、せずに済ませるべきかの違いを漸次複雑に、微妙にして行きます。中軽度の知的障害か、療育手帳が取れない層の人たちであれば、大抵は、困った場面で質問の仕方を教えると速やかに覚え、他の場面でもできるようになります。

　難しいのは、分からないことをあやふやにして、何となく切り抜けるという成功体験？　を子どもの頃にしっかりと誤学習して来た人たちです。成功体験というよりはその場凌ぎなのですが、その場凌ぎを繰り返しているうちに、困っていることを何となくうやむやにして、場を流してしまうことが上手い人は、意外と多いものです。実際に仕事中であっても、本人が困る場面に当たっているのに、あたかもやるべきことをやっているような演技をして、その時間はまったく生産性のない動きを繰り返すことでやり過ごしてしまう強者もいます。とぼけていると言って笑って済ませるほど、企業就労の現場は甘くはありません。その場凌ぎの成功による誤学習を修正するためには、

　①その場凌ぎすることによって、本人に不利益が生じる経験
　②周囲と自分とのつながりを意識せざるを得ない環境

　の二つが条件として揃う必要があります。そして、作業に携わっている間

中、同僚からの求めに応じ続けるという習慣が必要です。これは、やりたいことではなく、やらなければいけないことに取り組むためのやり取りを持続するということに他なりません。やりたいことを使ってやり取りの楽しさを覚えるのは比較的容易ですが、仕事に携わる場合、やらなければいけないことが中心になりますから、社会に出る前に、ぜひ「ねばならない」ことについてやり取りし続ける力も付けておいてください。

　もちろん、就職先の仕事内容が、幸運にもやりたいことである可能性はあります。しかし、もしそうであったとしても、その周辺でさまざまな作業をこなすに際して、「ねばならない」ことと格闘することから避けられるわけではありません。訊く（質問する）ことも、その範囲にたくさんでてくるものです。

**対人関係**

「ねばならない」ことに取り組む力を付けて行くときに前提となるのが、対人関係です。障害が重かったり、自閉症だったりすると、子ども側の意識が対人関係ではなく対物関係に徹していることがあります。二人で一つの物を作る作業をした場合、相手の事情はお構いなしに作りまくる人は、間違いなく対物関係中心の段階です。これを対人関係に変えて行かなければ、人として社会を構成するメンバーになり、それなりの役割を得て、張り合いを持って生きて行くことが難しくなってしまいます。就労自立ということになると、なおさらです。

「ねばならない」ことは、対人関係の中で生じてきます。周囲と自分とのつながりを意識し、積極的に周囲の事情をくみ取ろうとする姿勢は、シンプルな協働作業を訓練に当てて行くことで、その子（人）なりに身についてきます。例えば、封筒に3

枚のチラシを入れる作業であれば、二人一組で、Ａさんがチラシを3枚重ねて、Ｂ君との間に置きます。Ｂ君は封筒を持って待ち、Ａさんがチラシを置いたら、それを取って封筒に入れます。お互いがお互いの動きや事情を読み取って動くことで、最大効率の仕事ができるようになります。これができるようになるためには、互いの力量を相対化して把握できている必要があります。ところが、対物関係に徹している段階の子（人）は、これができません。封筒やチラシに100％以上注意を持って行かれてしまうためです。したがって、こういった作業を通じて、封筒やチラシの向こうにいる人が主役であることに気づかせます。単純な作業ですが、漸次ルールを複雑化させていくこともできます。例えば、資材が残り10になったら組んでいる相手に声をかけて作業を一時ストップし、上司に断って資材置き場まで必要数を取りに行く、などというルールを加えたりします。対物関係段階だと、マイペースで動いているので、作業の仕方が独特だったりします。こういったことを障害があるからしょうがないとするべきかどうかという議論はありますが、僕の経験上、障害を持つ子（人）であっても、訓練を積んで対人関係の中で協働作業を行えるようになったほうが、その人の表情は充実した感じになると思っています。それは、社会に溶け込んでいるという実感から来るのではないかと思います。

　よく、高機能の青年たちを集めての就労訓練というと、パソコンがずらっと並んでいて、一人ひとりが仕切られた机に向かってそれを操作しているような絵面があります。しかし、そこでエクセルやパワーポイントを操作していても、上にあげたようなチームワークによる単純な作業ができていないようでは、就労と社会参加は難しくなってしまいます。また、そういった人が多いのが実情です。就労自立を目指すのであれば、何を優先的に訓練すべきなのかは、火を見るより明らかなはずです。

　対物関係に徹していると、認知能力はある程度上がっていても、場面や物理的な環境に拘束され、不自由な生活を送らざるを得なかったりします。環境に行動が条件づけられ（規定され）てしまうので、環境依存症候群みたい

になってしまいます。例えば、感覚過敏などがなくても、ある場所へ出かける際に、決まった服装しか着られないとか、教室に特定の椅子がないと座れないとか、リンゴが冷蔵庫に5つ入っていないとパニックになるとか、気に入った服を学校へ着て行ったら水滴がついてしまい、二度とその服を着て行けなくなったなど、いずれも物に人の行動が拘束された不自由な状態であると言えます。放っておくとこういう状態になりやすい子（人）たちに自由を獲得してもらうためには、対物の先にある人に注目し、応対できるように訓練することです。

　分かりやすい例として、子どもの学習課題をあげると、10個のブロックを3と7に分ける、などというときに、子どもは一応指示通りに分ける作業をします。しかし、その後シレッと10に戻して終わらせたりします。もちろん、先生は10にまとめろという指示は出していません。

　この場合、子どもは、先生の指示に応対したのではなく、10個にまとまったブロックに対応している状態です。10個のブロックが3と7に分けられるという課題ができても、素早くシレッと10個のまとまりに戻して終わりにしてしまうということは、先生への応対ではなく10個ひとまとまりのブロックに対応したという証拠です。これでは対人関係になっていません。しかし、「先生が3と7に分けなさいと言ったから、10にまとめたい衝動に打ち勝って、3と7に分けたままで終わる」という応対ができるようになると、対物関係ではなく対人関係を優先させたことになります。不思議なもので、それだけのことで、子ども側に僕らの隣人という雰囲気が出て来ます。対人関係を軸足にして、本人が活躍できる場も、選択できるくらいに広がって行くことになります。

　就労という角度から考えても、これは大事なことです。「個々の効率を最大にすると、全体では非効率になる」と言われますが、他者にお構いなしでは職場としての仕事率は下がります。それぞれやりたいようにやっているようでも、ストレスが充満し、不機嫌な職場になって行きます。こういった状態にならないに越したことはありません。障害があっても、それなりに、周

囲に配慮する姿勢を示すことが大切なのです。

**集中力・持久力**

　当然ですが、集中力や持久力がなければ、働くことはできません。よく耳にするのが、「興味のあることならいつまででも集中してやっているのに……」という親の愚痴です。誰でもそうだと言ってしまえばそれまでなのですが、その差の大きさが周囲を戸惑わせるのです。

　企業就労が可能になるレベルの集中力・持久力は、目的や目標の把持ができるかどうかが第一関門になります。どんなに集中していても、その行為が仕事の目的に沿っていなければ、迷惑にすらなって来ます。そうなると、もはやそれは『集中』ではなく『のめり込み』になります。この二つを混同してはいけません。

　障害の有無を問わず、人間は誰でも『やりたいこと』と『やらなければいけないこと』を抱えています。あるときは、『やりたいこと』よりも『やらなければいけないこと』を優先しなければいけません。『やらなければいけないこと』をないがしろにして『やりたいこと』にのめり込んでいるようでは、社会人として失格ということになります。

　集中力と持久力は、少しずつ伸びていくものです。企業就労を目指す生徒であっても、高校生時代は学校の時間割通りに脳のスイッチが on/off 切り変わってしまう生徒が多いものです。学校での生活がそうなのだから、これは無理もないことです。これを卒業後に、もっとまとまった時間集中し続けられるようにして行かなければいけません。最初のうちは、こまめに目標設定をします。目安は作業量であったり、時間であったりしますが、特に時間については、例えば1時間という単位が分かっていても、それをその時間内にできそうな作業量に

第 5 章　環境と支援の留意点

換算することは難しいものです。そこで、残り時間が数字ではなくアナログ時計の文字盤上で量的に見せられるようなタイマーを使うことがあります。これは効果的であることが多く、僕などもよく使います。作業量についても、目で見てパッと分かるものばかりとは限りません。例えばパソコンのデータ入力作業などでは、狭い画面上で残りの量を把握することは至難です。加えて、パソコンに興味がある作業者だとのめり込みやすく、期限・品質といった顧客との約束から逸れて行き偏った作業進行になることが多いので要注意です。訓練としてこれを導入する場合、相当警戒しないと、やったつもりの誤学習を繰り返させることになります。前にもあげた例ですが、かつて僕も失敗したことがあります。ある青年がパソコンを使用するような事務職を希望していたため、その通りの職場につなげました。彼はパソコンに興味があり、基本操作もできます。しかし、ふたを開けてみれば、職場から、

〈彼はパソコンに興味があるから喜んでやっているだけで、全然仕事にはなっていない〉

と、バッサリ切って捨てられました。パソコンを操作することと、その道具を使って仕事をするということは、まったく別なのだということを思い知らされました。実際に彼は、時間的な制約（納期）は守れないし、興味本位でやらなくてもいいことをいつの間にかやってしまうし、目的に適った作業遂行がまったくできていませんでした。そもそも、パソコンでの作業は外から見えにくく、成果物が見える形になったときには、すでに作業が終わってしまっていることが多いので、指導するタイミングがどうしても後にずれます。自己完結しやすく、報告・連絡・相談・質問のタイミングも相手が見えにくくなる分、つかみにくいので、抜けやすくなります。注意されたときには、あとの祭りであることが多く、指導の効果も得られにくいのです。この事例の彼も、苦肉の策で分かりやすく手順書を作っても改善がみられず、そこでの就労継続を断念しました。

　彼のボトルネックは、作業の目的に沿った動きが継続できないことだったのです。つまり、集中力と持久力が圧倒的に不足しているというところで、

161

パソコンの作業に従事したため、かわすべき弱点の本質が見えず、失敗してしまったということになります。言うまでもなく、彼がそこでの就労を継続できなかった原因は、パソコンを扱う技術とはまったく無関係で、パソコンというツールを使って訓練できるものでもなかったということになります。彼においては、ITリテラシーうんぬんを言う以前の課題が解決されていなかったのです。

　現場をやっていて実感するに、実際には、こういったケースはとても多いものです。痛みを伴うアセスメントでしたが、貴重な勉強をさせていただいたと思っています。

## 注意力（選択、持続、転換、配分）

　注意力は、生活して行く上で全てに影響を及ぼします。選択、持続、転換、配分のどれをとっても、適時適切に発揮されなければ、日常生活上著しく不自由になります。

　対策として、目印や枠組みを明示することや、妨害刺激が入ってこないように物理的な工夫をすることなどがありますが、企業就労ということを考えると、そういった配慮をどこまでもお願いできるものでもないというのが現実です。職場選択の余地を広げたいのであれば、自らも注意力のアップを目指した訓練を積むべきでしょう。現場で見る限り、適切な関わりを持てば、訓練開始以降にこれが伸びる人がほとんどです。

　注意力のない人の特徴として、やたらと目が合うというのがあります。何故こんなにも目が合うのかというと、動くもの（人）に対して不必要に反応しているからです。その分、手元の作業が疎かになり、失敗が増えるわけです。物を落とす、失くす、ぶつかる、なども多くなります。もう、一日中バタバタしている感じになります。傍から見ていると気の毒ですし、一緒に行動していると頭に来てしまいます。だから、人間関係にもいい影響を及ぼしません。

　一つの課題に集中し続ける訓練で、ある程度の時間注意を逸らさずに持続

第 5 章　環境と支援の留意点

できるようになったら、途中から入る別の指示に対応することも求めて行きます。作業に乗っているときでも指示があればピタッと止まれることも必要です。また、ゆっくりとか、丁寧にという方向にも注意を傾けられるようにしておくといいでしょう。職業として仕事（作業）する場合は、量をこなすことと品質を上げることの両方を求められますから、その点に留意して訓練を積むといいでしょう。

　結果的に訓練になる題材は、いろいろです。最も切実感があるのは、実際に金銭的な対価と責任ある仕事をこなすことだと思います。15〜16歳以降、仕事というものに興味を持ち始めている人たちには、効果抜群です。

　小さい頃から、家事や学習課題や運動課題で注意力を養って来ている人は、仕事に就く際にもそれが生かされる印象です。指導する者次第とはいえ、題材は日常の中に転がっています。それを分析して、注意力をつけていくと良いでしょう。

## 記憶

　ちゃんと聴ける人でも、忘れてしまうので上手く行かないという場合があります。一時的に覚えておく記憶をワーキングメモリーと言いますが、これが把持できないので、話の筋が追えない、あるいは、どんどん脱線していってしまうという人もいます。親子でこの状態だと、毎日大変です。親子そろって、口角泡を飛ばし喋りますが、聞いた内容を一時的に把持しておくことが苦手な二人ですから、気がついたらもともと何の話をしていたのか分からなくなっているなどということも、現実にあります。

　スーツの下にパジャマを着たまま出勤した男もいました。ウケ狙いでもなければ、ふざけているわけでもありません。急いで着替えているときに、スーツを着ることを考えると、パジャマを脱ぐことを忘れてしまうのです。

　アプローチするときに、対象児者の特徴をつかむと効果的であるというのは言うまでもありませんが、記憶の特徴をつかんでおくといいと思います。上記のワーキングメモリーが弱いのなら、一度に複数の情報を出さないよう

163

にしなければいけません。エピソードや意味と絡めて覚えるのが得意な人も
いれば、機械的無機質な記憶処理が前面に出ている人もいます。視聴覚、そ
の他の感覚毎に記憶のしやすさが違っていたりもします。多少物覚えが悪く
ても、自転車に乗れるようになるような種類の記憶はしっかりしていると、
繰り返しの動作により身体で作業を覚えて、ある種の仕事ができるようにな
ります。これは、知的な障害が厳しいケースでもそれなりの就労が可能にな
る例によって証明されています。

　それぞれの特徴をつかんだ上でアプローチすれば、一つの作業を覚えても
らうにせよ、仕事を覚えてもらうにせよ、効率よく吸収させることができま
す。逆に、こういったアプローチをおろそかにしていると、知らぬ間に相手
のキャパシティーを超えた要求をしていて、関係が悪化したりすることがあ
ります。本人たちは、こういった特性を自分で説明できないのですから、支
援者側が気づかなければいけないところです。

　なお、上記の記憶についての詳細は、多くの書籍が情報提供していますの
で、そちらに譲ります。


**関係理解**

　ある特別支援学校高等部の３年生の男子生徒が僕らの職場に実習しにきま
した。彼は小学校中学年程度の漢字の読み書きができ、四則計算もできます。
日常生活会話は問題なく交わせますの。時間やお金の計算だって、複雑なも
のでなければ大丈夫です。そんな彼が、実習中の通勤途上でこんなミスをし
ました。

　最近の電車は、複数の路線が相互乗り入れしています。同じ駅から違う路
線に入って行くことも多く、分かりにくいのです。僕らでも、初めての場所
では、あらぬ方角へと連れて行かれてしまうことがあります。先生と母さん
は、あらかじめ失敗を予測して、

〈□□駅行きに乗ること〉

　と、彼が乗る電車の行く先を教えました。

第5章　環境と支援の留意点

（これで準備万端。通勤電車の乗り間違いは事前に阻止した）

　と、母さんと先生は満を持して彼を僕らの職場に送り出しました。ところが彼は、あっさり○○駅行きに乗ってしまったのです。予想外の駅に連れて行かれた彼は、きっと冷や汗をかいたことでしょう。ただ、幸いに、電車を降りてすぐに電話をかけることができたため、致命的なことにはなりませんでした。

　最終日に行われた実習の反省会で、母さんはそのことを振り返って、こう言いました。

〈○○駅行きに乗らない、ということは教えていませんでした〉

　さすが母さんです。

【□□駅行きに乗る】＝【それ以外の電車には乗らない】

　という関連づけが、彼においては自動的にされ難いということに、母さんは、いち早く気づいていました。こんなことは、僕らが対象にする人たちにおいては、其処此処で発生するものです。

　もう一例あげます。これも特別支援学校からの実習生です。彼も、一見すると若い先生が来たのではないかと思うくらいにしっかりした感じの、高等部3年生高機能自閉症男子です。封入・封緘・結束作業などをやってみると、作業精度は高く、スピードは若干劣りますが、ミスはしません。彼の場合、コミュニケーションの基本である「聴く」ということはできています。しっかり聴いたあとも、覚えておき、忘れずに実行できます。そんな彼なのですが、一緒に働いてみると、よく言われる能力（発達）の凸凹というのが露見されます。

　彼と一緒にチームワークで封入・封緘作業をしていたときのことです。指示者は、最初に、
「封入する物（資材）が無くなったら、指示者のところまで次の資材をもらいに行くこと」

165

という指示を出しました。当然、彼はしばらくその通りに作業をしていました。指示者がつねに余裕のある状態であれば問題なく作業は終わったと思います。しかし、実際の仕事場面というものは、そんな理想的な状況ばかりではありません。たまたま、本人の資材が切れたときに、指示者が取り込み中で資材を渡せそうもないときがありました。そのとき、彼は何を思ったか、指示者の立ち位置の奥のほうにある資材の山から、勝手に資材を取り出して自分のところへ持って行って作業を始めてしまいました。実は、諸事情あって、これが作業遂行上、大変まずいことなのです。このときは、たまたま、それが早めに発見され、ことなきを得ました。彼もすぐに間違いに気づいたようで、謝っています。ふざけた様子でも気の抜けた様子でもありません。また、他の人も誰一人そんなことはしていませんでした。優秀な彼が、なぜにこんなことをしてしまったのでしょうか。

　彼の側に立って考えてみます。彼は、〈指示者から資材をもらう〉という指示を聴き、実行しています。これは『表ルール』です。しかし、〈指示者が忙しいときであっても、指示者の奥にある資材を自主的に取って来て作業を進めてはいけない〉という指示はもらっていません。こうなると、〈奥にある資材を自主的に取って来てはいけない〉という『裏ルール』には気づかないわけです。

　平均的な人なら、

【表ルールを理解する】＝【裏ルールに気づく】

　なのですが、彼の場合は、表ルール同様に裏ルールも教えてもらわないと、この対の関係に気づかないようなのです。それほど複雑なことではないのですが、働きながらこういった経験を積み重ね、そのたびに指示理解のコツとして気づかされることを繰り返さないと、こんな間違いをいくらでもやらかしてしまうのです。

　事例は表と裏の関係理解についてでしたが、【表：表】【裏：裏】の関係理解も同様です。ハンカチを持ってくるのを忘れたとき、他人のハンカチを失敬してはいけないということを教えるのは容易です。しかし、その際に、

第5章　環境と支援の留意点

〈でも、ボールペンを忘れたときくらいは、（他人のものを）黙って使っちゃってもいいよねぇ？〉

　なんて親し気に引っかけ質問をすると、

「いいと思います」

　と、あっけなく引っかかったりする人もいるのです。

　彼らの社会生活や就労自立という現実を考えたとき、これしきのことが、別の場面では大きな問題になることが容易に想像できます。支援者として、想定外を減らしていくために、しっかりと考えておかなければいけないところだと思います。


**時間と人の管理**

　僕は、見学に来た学生（生徒）さんやその家族に、

〈学生（高校）時代と就職したあとで、一番大きな違いは何だと思いますか？〉

　という質問をすることがあります。「一番大きな違い」について、その温度差を埋めておかないと就職後が大変になるということは、誰でも気づきそうなものです。しかし、差を埋めようにも、その差が何なのかを認識していなければ、対策は打てないはずです。それで、こんな質問をするわけです。意外と答えられない人が多いのですが、正解は「時間と人の管理」だと思います。

　時間の管理については、180度違うと言ってもいいと思います。当然のことですが、学校は、個人が学力や能力を伸ばすことを主たる目的にした場所です。したがって、その教育プログラムは、主目的を達成するためのカリキュラムを中心に立てられて行きます。校内におけるスケジュールは、一義的に個人の能力を伸ばすという形で結実するように（建前上は）できているはずです。少なくとも、その目的が「学校と取り引きのある業者との契約履行」であってはいけないわけです。この基礎の上に、すべてのことが構築されていくのが学校であるはずです。

167

では、就職後の世界、つまり会社はどうなのでしょうか。まず、社員一人ひとりが今日やることは、顧客との約束（仕事の納期）から逆算して立てられます。それは、顧客との約束を守ることで給料をいただけるという構造になっているからです。約束が守れないのであれば、仕事もなくなるし、給料ももらえなくなるというのは自明のことです。お気づきの通り、学校生活とは似ても似つかない環境なのです。

　現実的には、この差をどう埋めるかということを考えないと、就職に向けての訓練にはなりません。また、顧客優先の生活に慣れておかないと、就職して働き続けることは難しいのです。

　理屈としては、これだけのことです。ただ、これは知識や技能の問題ではないので、身につけるといったって、おいそれとは身につきません。なにせ習慣的なもので、学校の先生がいきなり一般企業で働く（あるいはその逆）が簡単なことではないのと同じように、理屈じゃない部分がほぼすべてになります。そう考えると、学校を卒業したと同時に就職できる層というのは、優秀なのです。きっと、将来を正確にイメージする力や新たな環境に順応する力が強いのでしょう。就職に向けての支援をする場合、対象者においてどの程度準備性が整っているのかを評価しますが、この辺りへの評価をおろそかにしてしまうと、後々大変なことになります。ぜひ、留意しておきたいところです。

| ● 就労準備の優先順位 | | 学校・施設 家庭 | 就職先 |
|---|---|---|---|
| 1. 健康管理 | 身辺処理の自立 | | |
| 2. 日常生活管理 | 身辺処理の自立 | | |
| 3. 社会生活スキル | 対人関係 | | |
| 4. 基本的労働習慣 | マナー・持久力・集中力 | | |
| 5. 職業適性・専門知識 | 就職後のOJT | | |

※1～5の順番で、就労への準備性がきちんと整っているか、見直してみましょう。

　また、人の管理という角度から見るとどうでしょう。学校生活の場合、好む好まないに関わらず、友達との関係構築に力を割かれます。これを励みと

第5章　環境と支援の留意点

するにせよ、悩みとするにせよ、意識の多くを持って行かれることに変わりはないのです。では、その目的は何かというと、漠然としています。これをはっきりと規定することに意味はないのかもしれません。それゆえに、ある種の障害を持った子たちにとっては、憧れであったり自信喪失の元になったりします。

　では、就職後はどうでしょうか。基本的に職場は仕事をするところであり、友達を作るところではありません。そこでの人間関係は仕事（協働作業）を軸に構築されます。また、構築された関係が仕事を非効率にするのであれば、社内的に邪魔な存在となってしまいます。恋愛も含め、仲良しクラブが職場をダメにする例は、古今東西あげればキリがないわけです。したがって、これも意識的に切り離して考えなければいけません。中には、この辺を勘違いしている当人や家族がありますが、何か勘違いしやすい心情があるのかもしれません。

　ただし、友情や仲間づくりが職場の規律と融合する例もあります。僕らと一緒に訓練をしていた重度判定を持っている自閉症男子が、その作業能力を買われて、ある企業に就職し、終身雇用形態で働けることになりました。採用前、知的障害や自閉症の人を雇用した経験のなかった会社側は、彼のような障害を持つ青年が就職する意味とは何なのか、というところから悩んでおられました。

　しかし、僕とハローワークが余りにもしつこかったからでしょう。ついに「ええいままよ！」という感じで、彼の採用に踏み切りました。その後、受け入れた職場が彼のことを「立派な戦力」と認めることになります。終身雇用形態は、「彼は、今後も会社にとって必要な存在だ」と考えるに至った証拠だと思い、うれしく思いました。彼が努力したのは言うまでもありませんが、職場は、とっつきにくい彼のとらえ方を僕らから貪欲に学び、彼と情緒的な交流を持ち、それが彼の仕事の励みになるような見事な設定をしています。

　例えば、彼の側からの微妙な発信（分かりにくいけれど、職場のみんなと近し

169

くなりたい気持ちがある）を受けて、ランチ会などを開催してくれます。彼は、鏡で自分の顔を直視できないほど、形として人と相対することが苦手なのですが、こういうときは、そのぎこちない動作はそのままに、しかし、明らかに喜んでそこに参加します。今でも毎月、彼と面談をするのですが、バリバリ働き給料をもらって、粛々と生活する彼を見ると、ありがたいという気持ちで一杯になるのです。懇意にさせていただいている企業における、素晴らしい実践のひとつとして記憶し、僕自身の励みとさせてもらっているところです。

### 発達段階（社会性）

　人は社会に生れ落ち、社会の中で育って行きます。そうやって、誰もが自然な形で育まれて行けばいいのですが、僕らが対象にしている人というのは、その辺りがどこか上手く行かないという事情をはらんでいることが多いのです。

　理由はさまざまあれ、結果的に彼や彼女と社会との関係がどのような段階にあるのかを知っておくのは、支援者が対象者にアプローチする際のアセスメント（評価）として必須項目だと思います。これを無視して、きれいごとばかりを言ったところで、それは絵に描いた餅になってしまいます。ひと昔前に「完全参加と平等」というスローガンがありました。言っていることは良く分かります。「総論賛成！」なのです。しかし、これを成し遂げるための各論が圧倒的に不足しています。各論は実践の中で鍛えられ、それなりの理論になって行きます。

　そういった状況の中で、その各論が「スキルとマナーの講習」では、底が浅すぎるのです。スキルというと技術的なことを指します。技術を社会生活で生かすも殺すも、その技術を使う人の社会性次第ということになります。模範解答はいくらでも言えるけれど、実行ができないという人がいます。頭でっかちとか、有言不実行とか、いろいろと言われてしまいます。結果的に信用されないので、就労自立は困難ということになってしまいます。この場

合、知識や表面的な技術以外のものが問題になっていることがほとんどなのです。氏か育ちかという議論は無効で、氏も育ちも両方観なければ、障害の本質はつかめません。

　社会との関係を軸に人の成長を段階的に把握するためには、彼や彼女が、現在身を置いている集団とどんな関わり合い方をしているのかを調べてみるといいと思います。そこには、何らかの課題が認められるものです。例えば、虐待などという極端に厳しい状況下で育っている場合、他者に対する基本的な信頼感がありません。したがって、そこから構築しなければいけない場合もあります。また、自己主張が強く他者を傷つけたりトラブルを起こしたりする場合、「積極性」と出る杭は打たれるのではないかと恐れる「罪悪感」のバランスが悪いということになります。「劣等感」が強くてうまく行かない人は、帰属集団の中で一生懸命に役割を果たして認められた経験が足りないのかもしれません。

　さらに、家族・友達・学校・近所といった集団ではなく、就労の場となれば、生産者として自らの役割を社会の中に求め、日々確認していかなければなりません。これはとても現実的な課題でもあります。

　どの段階にあったとしても、その社会との関わりが中庸を得ていなければ、その段階における適切な自信を得ることはできません。その場合、本人は『虚勢』を張る必要があったり『小心・心配性』になったりするものです。したがって、本人はどこかで中庸を得るような社会経験を積まなければいけません。一方、教育者・支援者・家族は、それを経験させっぱなしにせず、その経験が成長につながるように意味づけする必要があります。そういった作業と成長は、氏も育ちも絡み合って、さまざまな形で僕らの目に映ることになります。


　世界的金融危機が発生し、失業率の上昇がニュースになっていた年の瀬のことでした。職業柄、就職した人たちの状況が気になります。僕が気にしていると呼び込むのか、あるいは何か気配があるから気になるのか、気になる

171

青年である光男から僕に電話がかかってきました。

　外回りで出歩いていた僕は、時期が時期（不況と失業者増大）だけに、通話ボタンを押すのを躊躇いました。

　しかし、そのときはそのときです。すぐに思い直して電話を取りました。幸運にも、

「あー、髙原さん、元気ですか？」

　と元気な声。

　まずはホッとしました。

〈う～ん。元気だよ〉

　と返事をします。

　光男は、軽度の知的障害を伴う自閉症です。作業所でも、企業でも、上手く続かずに挫折の連続。ついに家で引きこもるに至った男です。困って母さんとケースワーカーが、僕が当時やっていた無認可企業内作業所に連れてきました。その頃の光男は、青瓢箪のような顔をして虚ろな眼をしていたのを思い出します。

　その後、青瓢箪は一大決心をして僕の仕切る職場へと身を投じました。光男は、僕や他の若者たちと一緒に、１年程度、肉体労働を繰り返しました。その間、いろいろとあったものです。スキルなどというものは、すべて問題ない男です。いろいろとあったのは、彼の社会との関わり方についてでした。

　光男は、なかなか自説を曲げません。一緒に働く仲間と喧嘩になったこともありました。自分の誤解から同僚との関係が上手く行かなくなったこともありました。「サリーとアンの課題」ではありませんが、相手の心情が分からず苦労して、捨て鉢になり、

「僕は、明日、職安（ハローワーク）に行ってくるから、休ませて下さい」

　と、漏斗みたいに口を尖らせて、僕に訴えてきたこともありました。もちろん、却下です。とてもじゃないが、そんなことを言っていて勤まる職場などないということを、僕のほうが確信していたからです。説得は大変ですが、今、職安になど行かせてたまるかという僕の思いは、何とか通じました。

172

第5章　環境と支援の留意点

　そのあとあたりからでしょうか、彼は急成長しました。僕が光男と一緒に
企業内で働きながら、彼に求めたのは、表面的には、職業として目の前にあ
る仕事や作業に取り組むことでした。しかし、それは方便であって、真髄は
社会と関わり合うときの塩梅を体得してもらいたかったのです。きっと、そ
のことが伝わったのでしょう。

　光男がようやくこぎ着けた就職先は、本人の希望していたカッコイイ職場
ではなく、作業服を真っ黒にして働く職場でした。しかし、本人の希望は、
本人のイメージによるものであり、現実がそのイメージを大きく変えてしま
うことはよくあります。しかし、順風満帆というわけにはいかず、そこでも
同僚や上司と関わり合うときの塩梅が分からず、出過ぎた真似をして注意さ
れてしまうことがありました。性急な彼は、社長に退職を願い出てしまい、
その運びとなりました。僕は光男に、一緒に働いた日々にあった似たような
出来事を思い出せと言いました。その直後に、再び本人の自己判断で、
「やはり、続けさせて下さい」
と、社長に申し出て、ギリギリ就労が継続になったこともありました。あ
れから数年が経過しています。

　受話器越しに光男の話は続きます。
「（上司の）健さんと一緒に頑張っていますよ」
と言う光男の声からは、青瓢箪を想像することはできません。
　光男は、
「僕は知的障害」
と、はっきり自己規定しています。その彼は、知的障害のチの字、自閉症
のジの字も言わない職場に飛び込みました。彼は、障害に対して無配慮な環
境を好みました。光男の場合、きっとそうだろうという僕のねらいは当たり
ました。
「髙原さん、クリスマスですよ。タカちゃんやミホちゃん（僕の息子と娘）に、
今年は何を買ってあげるのかなぁ、と思って……」
　例年通りの質問に、僕はニヤリとしながら応対しました。

173

（なるほどね。年中行事の確認作業を兼ねて、現況報告か。光男らしいな）

と笑ってしまいます。

自閉症っぽいのですが、こういうつながり方も嫌な気分はしません。これも、光男流社会との関わり方です。僕も、例年通りに答えを返しつつ、脱青瓢箪の光男にエールを送ります。

はたして光男は、たくましくこの不況を乗り切っていくのだろうか。どっちにしても、光男が成長し続けることに違いはありません。

# 3 ● 思考と行動の起点

僕が駆け出しの頃にいろいろと相談に乗ってもらった大先輩は、自分たちのことを「少数派」だと言っていました。それは、多くの福祉施設が、就労自立したい対象者や、それをその方向で支援したいと思っている職員のやる気を削ぐという「逆効果」を生み出していたことを嘆きつつ使われた言葉でした。「施設は、ブラックホールだ」などという、文字通りブラックな例えも聞かされました。

先輩が言っていた「少数派」という言葉を思い出しながら、現状を考えてみます。制度が措置から契約に変わり、就職を手掛かりにして自立支援を行う立場の支援施設が飛躍的に増えました。単純に量という意味では、脱少数派したと言えます。しかし、別の意味で、僕は依然少数派であると思います。それは、多くの施設で実施されている自称就労移行支援が、実際には就職させることにつながっておらず、お客さん集めの御用聞きになってしまっている例が多いからです。

僕らの現場で支援者が一兵卒として働くためには、何か公的な資格が必要なわけではありません。それでも、僕らのような『職業』に就く以上、最低限譲ってはいけないものがあるでしょう。少なくとも、ただ単に生活のためだけにできる職業ではないと思います。

第5章　環境と支援の留意点

「なんでもあり」という表現があります。僕が駆け出しの頃に尊敬する先輩方から教わった「なんでもあり」は、対象者が人として大切なことに気づき、自ら幸せに向かって歩み出そうとするきっかけを作れるのなら……という前置きがついていました。ところが、昨今は事情が違うようで、対象者にいらないものを売りつけるような貧困ビジネス的「なんでもあり」が公共の場で大手を振って行われる例が多くなりました。ただ単に宣伝が上手いだけという経営者が、（たぶん、自身は時代の最先端を行くすばらしいアイデアだと思い込み）自覚もなくそのようなことを実行し、それに対して誰も疑問を抱かないし批判もしないという現状です。こういった残念な状況下で、本来の任務に気づいて、それをまっとうしようとする実践者は、やはり少数派なのかもしれません。

　最善を尽くしたつもりでも、何かが噛み合わず、望まぬ結果が出てしまうこともあります。それでも、僕個人としては、骨の髄まで「任務をまっとうする実践者」でありたいと想い続けています。


　古山高麗雄という人が書いた本に、『プレオー8の夜明け』という小説があります。実体験に基づいて書かれた戦争短編小説です。小説の中で、戦犯容疑者としてベトナム南部チーホア監獄に拘置されている主人公は、雑居房内でこう思います。


　　「いったい私たちに目的というものがあるのだろうか？　目的といえば、釈放だけだ。あるいは刑が軽いこと。それだけだ。他に何かあるだろうか？　だが、これは、自分の力ではどうにもならない。してみると、目的というのはおかしい。では何だ。願望か。だがいずれにしても、私たちは能動的になることはない。ここで私たちに、なにかやれることがあるだろうか？　どうすればいいのかわからない。─してみると私のやっていることなんて、なるようになってるということなんだ。それだけなんだ。段階的、だなんて、しちめんどうくさいことじゃないんだ。」

　　　　　　　（古山高麗雄『プレオー8の夜明け』講談社文芸文庫、2001年）

雑居房の生活と障害者施設の生活は、大きく違います。障害者施設では、生存していくために必要なものは全てと言っていいくらいに揃っています。冷暖房だって完備です。床暖房なので水虫が治らないなんて、贅沢な悩みすらあります。どこをとっても雑居房ではありません。でも、僕は実感として、『プレオー8』を思い出してしまいます。どんなに体裁を整えようとも、施設という箱と実社会には、ある隔たりがあります。その空間内で地域との交流うんぬんを言うのは、苦肉の策としては認められるべきものですが、本筋からは逸れていると僕は思っています。

　僕が、キレイに整った施設を見てもなお『プレオー8の夜明け』を思い出すのは、そういう例をたくさん見てきたからかもしれません。

　プレオー8の夜明けは、『チュンロンの歌』で始まるのだそうです。その歌を目覚ましに、

「また朝だねえ、また一日だねえ」

　と呟く塀の中の人々。

「また……」

　という副詞が重くのしかかってきます。

　この本の第1章で、最初に紹介した守という青年を思い出してみてください。ニコニコして他人のお尻を触ってはひんしゅくを買いまくっていた頃の守には、この「また……」があったのではないでしょうか。そこから脱却した守が、元の鞘に戻りたがらない姿が、その何よりの証拠ではないかと思います。

　幸か不幸か、僕は今回この本を書くにあたって挙げたような経験をたくさん積ませてもらって来ました。そして、そこから感じとって来たものが、僕における思考と行動の起点になっているようです。


　ある人（子ども）に、支援者や教育者という立場の者が関わるとき、その難しさというものは、畢竟どこにあるのでしょうか。そして、それを踏まえて、僕らはどんな気持ちで支援にあたればいいのでしょうか。若い頃、その

ヒントが欲しくて貪るようにして読んだ本の中に、十亀史郎（1932-1985）という児童精神科医が書いた文章がありました。十亀史郎さんは、僕の師匠の師匠にあたる人です。この先生は、支援にあたる僕らの役割をギリシャ神話の『エコーとナルシス』に擬えて、文章にしています。僕は、この文章に影響を受けているという自覚があります。そこで、少々長いのですが、これを引用して、この本を一旦締めくくりたいと思います。

　「自閉症児は、いうなればエコーである。エコーは、ゼウスの妻ヘラに舌を切られ、自発的にものを言うことができなくなった。そして許されているのは、相手のことばをそのまま反響することだけだった。

　その彼女が、あるときナルシスを見かけ、彼に恋心を抱いた。彼が山野にさまようとき、エコーは見え隠れして彼のあとを追うが、ナルシスはそれに気づかない。エコーからは何も話しかけることはできないが、たまたまナルシスが「ああ、のどがかわいた」と言うと、初めてことばを出すことができる。「ああ、のどがかわいた」。万感胸に迫っても、それ以外何も言えない。ナルシスはそばにだれかいるように思って、「あなたは、だれ？」と言っても、「私はエコー」と言うことはできない。ただ、「あなたは、だれ？」としか繰り返せない。しまいにナルシスは、だれか自分をからかっていると思って、その場を立ち去る。エコーはせつない思いを抱いたままナルシスへの思いをあきらめざるをえない。

　つまり、私たちはナルシスであってはなるまい。かすかな声を聞いたとき、そこに一歩立ち止まり、そこで静かに心の耳を開かねばならないのである。」

（十亀史郎『十亀史郎著作集』黎明書房、1988年）

# おわりに


　20代前半の頃のことです。僕は、自分が担当している重度の知的障害を伴う自閉症の青年たちと一緒に、富士山に登頂したことがありました。弁当も凍る低い気温に震えながらも、彼らと一緒にご来光を拝んだときの感動は、一生涯忘れられない思い出となりました。彼らは、日本一の山に登り、日本一のご来光を拝み、足にマメを作って下山して来たときでも、何ら哲学的なことを口走ったりはしません。しかし、口々に、

「ガンバッタ！」

　と言い、充実した表情をしているように見えました。そう思って見ると、そう見えてくるから不思議なものです。

　ところで、富士山頂に立った僕は、一緒に日本最高所に立っている青年たちを見ながら、ある疑問を感じました。

（この瞬間、彼らの頭の中にどんな映像が浮かんでいるのだろうか）

　という、確かめようもない疑問です。しかし、その後、僕が富士山頂から解凍することなく持ち帰ってきた疑問が、思わぬ形で解けることになりました。

　富士山から帰って来て、１年近く経ったある日、一緒に登頂したメンバーの一人である健太が、急性膵炎で入院してしまいました。健太は、面会謝絶のICUで、生死の境を彷徨います。しかし、健太は持ち前の根性で見事回復しました。面会の許可が出るや否や、僕は彼の入院先に駆けつけました。健太は、僕の顔を見つけるなり、キリリとした表情と怒ったような口調で、

「また、富士山のぼるの！」

　と言い放ちました。さすがの僕も、これには仰天です。僕は完全に不意を突かれて、一瞬言葉を失いました。

（闘病してたのか、登頂してたのか……）

おわりに

　鬼の髙原完敗。僕は健太に、

　〈よく頑張った！　また、一緒に登ろうな！〉

　と言葉をかけて、何とか体裁を保ちました。


　支援をしていると、五里霧中の中、一瞬さっと霧が晴れ、視界が開けるよ
うな場面と遭遇することがあります。彼や彼女が幸せを感じる瞬間に立ち会
えるチャンスが、そこにあるような気がします。支援者として、１回でも多
くその瞬間に立ち会いたいと、贅沢なことを想い続けている僕なのです。




　　　　　　　　　　　　　　　　　　　　　　　　　　髙原　浩

**髙原　浩（たかはら・ひろし）**

1968年横浜市生まれ。1991年明治大学を卒業後、知的障害者の入所施設に指導員として入職。その後、民間の療育訓練・相談機関、無認可企業内作業所、授産施設、入所施設等で、障害児者と生活・学習・就労の場面における支援現場経験を積み重ねる。現在、板橋区成増にある就労移行支援事業所・就労継続支援B型事業所「ftlビジネス・スクール / ビー・ワーク」の施設長・サービス管理責任者として勤務。現場で支援をする傍ら、2008年にNPO法人フュージョン・サポートを立ち上げ、企業、成人施設、児童施設、学校、保育園などの支援者や先生を対象とした研修を引き受け、現場の支援力量を上げるために活動中。『発達教育』（公益社団法人　発達協会）2015年4月〜2015年7月にて執筆。

**青山新吾（あおやま・しんご）　＊シリーズ編集代表**

1966年兵庫県生まれ。ノートルダム清心女子大学人間生活学部児童学科准教授。岡山県内公立小学校教諭、岡山県教育庁指導課特別支援教育課指導主事を経て現職。臨床心理士、臨床発達心理士。著書に、『自閉症の子どもへのコミュニケーション指導』（明治図書）『インクルーシブ教育ってどんな教育？』（学事出版）ほか多数。

---

**特別支援教育ONEテーマブック**
**現場発! 知的・発達障害者の就労自立支援**

2017年11月22日　初版発行

著　者──髙原　浩

発行者──安部英行

発行所──学事出版株式会社
　　　　　〒101-0021　東京都千代田区外神田2-2-3
　　　　　電話 03-3255-5471
　　　　　http://www.gakuji.co.jp

- - - - - - - - - - - - - - - - - - - - - - - - - - - - - - - - - - - - -

編集担当　加藤　愛
装丁　中村泰広　イラスト　喜多啓介　本文デザイン　三浦正巳
印刷製本　精文堂印刷株式会社

©Hiroshi Takahara 2017 Printed in Japan　　　　落丁・乱丁本はお取替えします。
ISBN978-4-7619-2353-2　C3037